Manual del Ministro

Edición revisada y aumentada

Vida®

La misión de Editorial Vida es ser la compañía líder en comunicación cristiana que satisfaga las necesidades de las personas, con recursos cuyo contenido glorifique a Jesucristo y promueva principios bíblicos.

MANUAL DEL MINISTRO
Edición en español publicada por
Editorial Vida – 1971
Miami, Florida

Edición revisada y aumentada

ISBN: 978-0-8297-2004-4

CATEGORÍA: Ministerio cristiano / Recursos

IMPRESO EN ESTADOS UNIDOS DE AMÉRICA
PRINTED IN THE UNITED STATES OF AMERICA

24 25 26 27 28 LBC 161 160 159 158 157

ÍNDICE

SOLEMNIZACIÓN DEL MATRIMONIO

El matrimonio es una institución civil y religiosa, y por lo tanto sujeta a reglamentos jurídicos.

El ministro debe familiarizarse con las leyes del estado o de la nación donde vaya a celebrarse esta ceremonia, para estar seguro de que cumple con los requisitos de la ley. Además, debe llevar un registro en el que hará constar los matrimonios con todos los datos necesarios, y la firma de los contrayentes, los testigos y el ministro.

La ceremonia puede celebrarse en el templo o en una casa particular, pero debe hacerse siempre ante testigos.

Conviene que el ministro y los contrayentes ensayen de antemano el orden del programa de la ceremonia para evitar confusiones. El ministro debe enseñar y hacer practicar la manera de entrar y salir en una ceremonia nupcial.

Nota: En muchos países de habla hispana, es preciso que los contrayentes presenten el certificado de las autoridades civiles, comprobando que ya se ha efectuado el matrimonio civil. En los Estados Unidos de América se requiere que el ministro firme la licencia de matrimonio expedida por las autoridades civiles, la cual le entregan los contrayentes antes de la ceremonia.

CEREMONIA 1

Institución del matrimonio

Los contrayentes estarán de pie juntos delante del ministro, el novio a la derecha de la novia. Dirigiéndose a la congregación, el ministro dirá:

"Estamos reunidos en la presencia de Dios y de estos testigos para solemnizar ante el Todopoderoso el matrimonio que este hombre y esta mujer ya han celebrado ante las autoridades civiles.

"El matrimonio es un estado honroso instituido por Dios, y santificado por la presencia de nuestro Señor en las bodas de Caná de Galilea. La Biblia dice que es honroso en todos el matrimonio, y se le consagra como símbolo de la unión mística entre Cristo y su Iglesia.

"El matrimonio debe contraerse con reverencia y en el temor de Dios, considerando los fines para los cuales se ordenó, es decir, para el compañerismo, el apoyo y el consuelo que los esposos deben tributarse recíprocamente mientras vivan.

"El matrimonio fue ordenado para continuar la sagrada institución de la familia, y para que los hijos, que son herencia del Señor, sean criados en piedad y rectitud. El matrimonio contribuye también al bienestar de la sociedad y a transmitir — mediante el buen orden familiar — la pureza, la santidad y la verdad de generación en generación.

"En el huerto del Edén Dios instituyó esa unión con la primera pareja humana a fin de hacer feliz a la humanidad. Desde entonces los seres humanos la han practicado y, para darle firmeza, la han legalizado. Puede decirse que el matrimonio es el contrato jurídico de una unión espiritual.

"La Palabra de Dios expresa que el matrimonio debe ser honroso en todos (Hebreos 13:4). Quienes se casan han decidido aceptar este estado honroso."

Oración

"Dios y Padre nuestro, no puede ser perfecto nuestro gozo si tú no lo perfeccionas. Falta algo sublime en nuestras horas más felices si no nos acompaña tu bendición. Te suplicamos, por lo tanto, que así como el Señor Jesús estuvo presente en las bodas de Caná de Galilea, también ahora nosotros disfrutemos del gozo de tu divina presencia.

"Pedimos que la bendición de tu presencia sea una realidad en la vida de este hombre y de esta mujer, que van a hacer juramento solemne delante de ti y de estos testigos, de modo que el recuerdo de esta hora santa los fortalezca y los consuele en medio de todas las pruebas y todos los cambios del futuro, Llena de felicidad estos momentos, oh Señor, y manifiesta tu presencia en estas bodas. Amén."

Lectura bíblica

Dirigiéndose a los novios, el ministro dirá:

"Han venido ante mí, ministro de Cristo, para ser unidos, delante de Dios, con los santos vínculos del matrimonio. Esto representa un paso serio y solemne donde se toman el uno para el otro a fin de afrontar las circunstancias que se les presenten, sea en riqueza o o en pobreza, en gozo o en tristeza, en salud o en enfermedad, en todo lo que la vida da y en todo lo que quita, y serán el uno al otro fiel, esposo y esposa según lo ordenado por Dios, hasta que la muerte los separe.

"Oigan, pues, la Palabra de Dios, escrita para su instrucción y para que tengan luz en su camino."

El ministro leerá los pasajes siguientes que desee:

"Maridos, amad a vuestras mujeres, así como Cristo amó a la iglesia, y se entregó a sí mismo por ella, para santificarla, habiéndola purificado en el lavamiento del agua por la palabra, a fin de presentársela a sí mismo, una iglesia gloriosa, que no tuviese mancha ni arruga ni cosa semejante, sino que fuese santa y sin mancha. Así también los maridos deben amar a sus mujeres como a sus mismos cuerpos. El que ama a su mujer, a sí mismo se ama. Porque nadie aborreció jamás a su propia carne, sino que la sustenta y la cuida, como también Cristo a la iglesia, porque somos miembros de su cuerpo, de su carne y de sus huesos. Por esto dejará el hombre a su padre y a su madre, y se unirá a su mujer, y los dos serán una sola carne. Grande es este misterio; mas yo digo esto respecto de Cristo y de la iglesia. Por lo demás, cada uno de vosotros ame también a su mujer como a sí mismo; y la mujer respete a su marido" (Efesios 5:25-33).

"Vosotros, maridos, igualmente, vivid con ellas sabiamente, dando honor a la mujer como a vaso más frágil, y como a coherederas de la gracia de la vida, para que vuestras oraciones no tengan estorbo" (1 Pedro 3:7).

"Las casadas estén sujetas a sus propios maridos, como al Señor; porque el marido es cabeza de la mujer, así como Cristo es cabeza de la iglesia, la cual es su cuerpo, y él es su Salvador. Así que, como la iglesia está sujeta a Cristo, así también las casadas lo estén a sus maridos en todo" (Efesios 5:22-24).

"Asimismo vosotras, mujeres, estad sujetas a vuestros maridos; para que también los que no creen a la palabra, sean ganados sin palabra por la conducta de sus esposas" (1 Pedro 3:1).

Votos

Dirigiéndose al novio, el ministro preguntará:

"________________________ (*nombre del novio*), ¿promete usted delante de Dios y de estos testigos, así como lo ha prometido ante las autoridades civiles, tomar a ________________ (*nombre de la novia*) por su legítima esposa para vivir con ella, conforme a lo ordenado por Dios, en el santo estado del matrimonio? ¿Promete amarla, honrarla, consolarla y protegerla en tiempo de enfermedad y de salud, en prosperidad y en adversidad, y mantenerse fiel a ella mientras vivan los dos?"

El novio responderá: "Sí, lo prometo."

Dirigiéndose a la novia, el ministro preguntará:

"_______________________ (*nombre de la novia*), ¿promete usted delante de Dios y de estos testigos, así como lo ha prometido ante las autoridades civiles, tomar a ________________ (*nombre del novio*) por su legítimo esposo, para vivir con él, conforme a lo ordenado por Dios, en el santo estado del matrimonio? ¿Promete amarlo, honrarlo, respetarlo, ayudarlo y cuidarlo en tiempo de enfermedad y de salud, en prosperidad y en adversidad, y mantenerse fiel a él mientras vivan los dos?"

La novia responderá: "Sí, lo prometo."

Entrega de anillos

En caso de que la ceremonia incluya la entrega de anillos, el ministro le dirá al novio:

"_____________________ (*nombre del novio*), ¿qué prenda le entrega a ________________ (*nombre de la novia*) como testimonio de sus promesas?"

El novio pondrá el anillo sobre la Biblia del ministro, y el ministro, tomando el anillo, le dirá al novio que repita las siguientes palabras:

"Con este anillo me caso contigo, uniendo contigo mi corazón y mi vida, y te hago partícipe de todos mis bienes."

Entregándole el anillo al novio para que lo ponga en el dedo anular de la novia, el ministro dirá:

"Que este anillo sea el símbolo puro e inmutable de su amor."

A la novia el ministro le dirá:

"_____________________ (*nombre de la novia*), ¿qué prenda le entrega a ________________ (*nombre del novio*) como testimonio de sus promesas?"

La novia pondrá el anillo sobre la Biblia del ministro, y el ministro, tomando el anillo, le dirá a la novia que repita las siguientes palabras:

"Con este anillo me caso contigo, uniendo contigo mi corazón y mi vida, y te hago partícipe de todos mis bienes."

Entregándole el anillo a la novia para que lo ponga en el dedo anular del novio, el ministro dirá:

"Que este anillo sea el símbolo puro e inmutable de su amor."

Oración

Los novios se arrodillarán, si así se considera conveniente, y el ministro les dirá:

"En señal de su fidelidad a las promesas que se han hecho, tómense de la mano."

El ministro pondrá la mano derecha sobre las manos unidas de los novios y orará, incluyendo las siguientes peticiones:

"Dios eterno, Creador y Consolador del género humano, dador de toda gracia espiritual, Autor de la vida eterna: Bendice a este hombre y a esta mujer, a quienes bendecimos en tu nombre, a fin de que vivan siempre en paz y en amor, conforme a tus santos mandamientos, y ordenando su hogar y su vida en armonía con tu Santa Palabra, por medio de nuestro Señor Jesucristo."

"Te rogamos, oh Dios Todopoderoso, que seas Salvador y guía de sus almas inmortales para que, mediante la redención de nuestro Señor, alcancen la gloria eterna. Amén."

Pronunciamiento

Dirigiéndose a la congregación, el ministro dirá:

"Por cuanto ______________________________ (*nombres de los novios*) han consentido ingresar en el estado de matrimonio, y en efecto han celebrado el contrato matrimonial, primero delante de las autoridades civiles, y después aquí delante de Dios y de estos testigos, habiéndose dado y empeñado su fe y su palabra el uno al otro, lo cual han manifestado con la unión de las manos, ahora yo los declaro esposo y esposa en el nombre del Padre, y del Hijo y del Espíritu Santo. Amén.

"A los que Dios ha unido, que ningún hombre los separe."

Bendición pastoral

El ministro pondrá la mano derecha sobre las manos de los novios y dirá:

"Que Dios el Padre, Dios el Hijo, y Dios el Espíritu Santo los bendiga, los guarde y los mantenga firmes. Que el Señor en su misericordia vuelva a ustedes su rostro para bendecirlos rica y abundantemente, y los colme de tal manera de su gracia y bendiciones espirituales que en este mundo vivan en su santo temor, y en el venidero disfruten de la vida perdurable. Amén."

CEREMONIA 2

Institución del matrimonio

Dirigiéndose a la congregación, el ministro dirá:

"Amados hermanos y amigos, estamos reunidos en la presencia de Dios y de estos testigos para unir a este hombre y a esta mujer en santo matrimonio, que es un estado honroso, y por lo tanto no debe contraerse a la ligera, sino con reverencia, discreción y en el temor de Dios.

"Este estado santo fue instituido por Dios cuando el hombre era todavía inocente. Dijo el Señor: 'No es bueno que el hombre esté solo; le haré ayuda idónea para él.' Así se formaron los primeros vínculos de este sagrado pacto de matrimonio, pronunciando Dios estas palabras: 'Por tanto, dejará el hombre a su padre y a su madre, y se unirá a su mujer, y serán una sola carne.'

"Cristo, nuestro Salvador, honró con su presencia y transformó con su poder divino las bodas de Caná de Galilea, realizando allí su primer milagro. Así dio realce a una reunión terrenal con una manifestación sobrenatural.

"El apóstol Pablo nos hace ver lo trascendental de la unión de un hombre con una mujer cuando compara este amor con el amor de Cristo hacia su Iglesia. San Juan nos hace ver que la Iglesia es la novia de Cristo, la escogida de entre todos los seres humanos, y que después del arrebatamiento de la Iglesia se han de celebrar las bodas más gloriosas que jamás se hayan visto: las bodas del Cordero."

Lectura bíblica

Dirigiéndose a los novios, el ministro dirá:

"Oigan, pues, la Palabra de Dios por medio de San Pablo, escrita para la instrucción de ustedes con respecto a este paso que están por dar. Dice el apóstol a los esposos: 'Maridos, amad a vuestras mujeres, así como Cristo amó a la iglesia, y se entregó a sí mismo por ella, para santificarla. . . . Así también los maridos deben amar a sus mujeres como a sus mismos cuerpos. El que ama a su mujer, a sí mismo se ama.'

"San Pedro les da estas palabras de consejo a los esposos: 'Vosotros, maridos, igualmente, vivid con ellas sabiamente, dando honor a la mujer como a vaso más frágil, y como a coherederas de la gracia de la vida, para que vuestras oraciones no tengan estorbo.'

"Asimismo oigan lo que dicen las Sagradas Escrituras a las esposas: 'Las casadas estén sujetas a sus propios maridos, como al Señor; porque el marido es cabeza de la mujer, así como Cristo es cabeza de la iglesia. . . . Así que, como la iglesia está sujeta a Cristo, así también las casadas lo estén a sus maridos en todo.'

" 'Asimismo vosotras, mujeres, estad sujetas a vuestros maridos . . . Vuestro atavío no sea el externo de peinados ostentosos, de adornos de oro o de vestidos lujosos, sino el interno, el del corazón, en el incorruptible ornato de un espíritu afable y apacible, que es de grande estima delante de Dios.' "

Oración

Entrega de la novia

Dirigiéndose a la congregación, el ministro preguntará:

"¿Quién entrega a esta mujer para que se case con este hombre?"

El padre de lo novia, u otro familiar, responderá: "Yo la entrego."

Votos

Dirigiéndose al novio, el ministro preguntará:

"_______________________ (*nombre del novio*), ¿toma usted a esta mujer como su legítima esposa, para vivir juntos en el santo estado del matrimonio, según lo ordenado por Dios? ¿Promete amarla, honrarla y cuidarla en enfermedad y en salud, y rechazando a todas las demás mujeres, serle fiel mientras vivan los dos?"

El novio responderá: "Sí, lo haré."

Dirigiéndose a la novia, el ministro preguntará:

"____________________ (*nombre de la novia*), ¿toma usted a este hombre como su legítimo esposo, para vivir juntos en el santo estado del matrimonio, según lo ordenado por Dios? ¿Promete amarlo, honrarlo, obedecerle y cuidarlo en enfermedad y en salud, y rechazando a todos los demás hombres, serle fiel mientras vivan los dos?"

La novia responderá: "Sí, lo haré."

Dirigiéndose a los dos, el ministro dirá:

"Tómense de la mano y repita cada uno conmigo:

El novio repetirá estas palabras del ministro:

"Yo, ____________________ (*nombre del novio*), te tomo a ti, ____________________ (*nombre de la novia*), como mi legítima esposa, para que los dos seamos uno solo desde este día en adelante, para bien o para mal, en riqueza o en pobreza, en prosperidad o en adversidad, para cuidarte y amarte hasta que la muerte nos separe."

La novia repetirá estas palabras del ministro:

"Yo, ____________________ (*nombre de la novia*), te tomo a ti, ____________________ (*nombre del novio*), como mi legítimo esposo, para que los dos seamos uno solo desde este día en adelante, para bien o para mal, en riqueza o pobreza, en prosperidad o en adversidad, para cuidarte y amarte hasta que la muerte nos separe."

Entrega del anillo

Dirigiéndose a los dos, el ministro preguntará:

"¿Qué entregan como prenda de estos votos?"

El novio le dará el anillo al ministro, quien dirá:

"La Biblia dice que cuando Dios hizo un pacto con Noé, puso en el cielo el arco iris como señal del pacto y dijo: 'Lo veré y me acordaré del pacto perpetuo.' Asimismo es bueno tener una señal que nos recuerde este solemne convenio nupcial. Ustedes han escogido este anillo como señal de su matrimonio.

"El anillo está hecho de metal precioso, que representa los vínculos que unen a los esposos. Es un círculo sin fin, simbolizando así la unión perpetua de estas dos personas."

Dirigiéndose al novio, el ministro dirá:

"________________ (*nombre del novio*), tome este anillo, póngalo en el dedo anular de su novia y repita conmigo: Con este anillo me caso contigo, y con mis bienes terrenales te doto, y por este acto declaro delante de Dios y de estos testigos que te tomo como mi esposa y que te seré fiel esposo."

Dirigiéndose a la novia, el ministro le dirá que repita las siguientes palabras:

"Recibo este anillo de ti, y por lo tanto declaro delante de Dios y de estos testigos que te seré fiel en la alegría como también en la tristeza.

"Con este anillo doblemente sellamos nuestros votos, y tú compartes conmigo el símbolo de nuestros esponsales."

Dirigiéndose a los dos, el ministro dirá:

"Por cuanto se han declarado sinceramente su deseo de ser unidos en matrimonio, primero delante de las autoridades civiles y ahora delante de Dios, y han confirmado lo mismo al dar y recibir las arras, ahora yo los declaro esposo y esposa en el nombre del Padre, y del Hijo y del Espíritu Santo. A los que Dios ha unido, que ningún hombre los separe.

"Los exhorto a que sean fieles a los votos que han

tomado. Con este matrimonio emprenden una vida nueva con mayores responsabilidades. Sólo encontrarán la verdadera felicidad si cumplen con las obligaciones que han contraído.

" __________________ (*nombre del novio*), proteja a esta mujer que ahora se somete a su cuidado, y esfuércese por vivir en el amor de Dios de tal manera que ninguna acción ni palabra suya ensombrezcan de amargura su rostro ni llenen de lágrimas sus ojos.

" __________________ (*nombre de la novia*), esfuércese por conservar con sus virtudes el corazón que ha conquistado con su gracia.

"A los dos les digo: 'No permitan que en su voz se apaguen los tonos tiernos de cariño ni que sus ojos pierdan el brillo con que resplandecían durante el noviazgo; más bien, procuren que siempre, y sobre todas las cosas, Dios ocupe el trono de su nuevo hogar."

Bendición pastoral

El ministro les dirá a los novios que se arrodillen, y orará así:

"Que Dios los bendiga y los guarde. Que haga resplandecer su rostro sobre ustedes, les tenga misericordia y les conceda paz."

CEREMONIA 3

Institución del matrimonio

Dirigiéndose a la congregación, el ministro dirá:

"Cuando Jesús fue invitado con sus discípulos a una boda, gustosamente accedió a ir y allí comenzó su ministerio público y sus obras poderosas. Por eso también hoy nosotros estamos reunidos delante de Dios para ser testigos de las promesas que han de hacerse este hombre y esta mujer.

Dirigiéndose a los novios, el ministro dirá:

"Esta ceremonia matrimonial que ustedes celebran para ser unidos con vínculos piadosos es la más antigua del mundo. Se celebró desde el principio ante el Creador mismo, como único testigo, invitado y ministro; y lo que fue antes es también ahora. El matrimonio nunca ha cesado, pues ha sobrevivido al Paraíso; y ha sido mantenido por el propio Dios, para aliviar las penas y consolar las tristezas del corazón quebrantado. Así será para cada uno de ustedes que abrigue en el corazón el deseo de embellecerlo y endulzarlo con paciencia y con el sacrificio por el bienestar del otro, haciéndolo con el tierno cuidado que merecen incluso las cosas más insignificantes. Todo esto se lo hacemos constar a ustedes dos, y les ponemos a Dios por testigo, teniendo siempre presente que la oración constante les permitirá cumplir fielmente con estas promesas. Tómense ahora de la mano."

Votos

Dirigiéndose al novio, el ministro preguntará:

"____________________ (*nombre del novio*), ¿toma usted a esta mujer, cuya mano sostiene, como su legítima esposa? ¿Promete solemnemente delante de Dios y de estos testigos cuidarla, amarla y defenderla, y serle fiel mientras Dios le conceda vida?"

El novio responderá: "Sí, lo haré."

Dirigiéndose a la novia, el ministro preguntará:

"____________________ (*nombre de la novia*), ¿toma usted a este hombre, cuya mano sostiene, como su legítimo esposo? ¿Promete solemnemente delante de Dios y de estos testigos unirse a él a fin de amarlo y serle fiel toda la vida, bajo cualquier circunstancia, hasta que la muerte los separe?"

La novia responderá: "Sí, lo haré."

Entrega de anillos (opcional)

Disponiéndose a darle el anillo al novio, el ministro le dirá:

"Puesto que como esposo usted será la cabeza de su esposa, a quien le da su nombre y la toma para amarla y protegerla, ahora procedo a darle a usted este anillo para que lo ponga en el dedo de su novia, como señal de que usted la recibe como ella se merece."

El ministro esperará a que el novio ponga el anillo en el dedo anular de la novia, y dirá:

"Así pues, usted cuidará a su esposa con la fuerza de su vigor y con su amor protector.

"Usará usted este anillo como un vínculo de reverencia y fe profunda, completando ambos el círculo perfecto del deber que los hace una sola persona."

Pronunciamiento

"En el nombre de Jesucristo y delante de estos testigos, yo los declaro esposo y esposa en el nombre del Padre, y del Hijo y del Espíritu Santo. A los que Dios ha unido, que ningún hombre los separe."

Oración y bendición pastoral

El ministro le pedirá a Dios que bendiga el nuevo hogar, y pronunciará la siguiente bendición pastoral:

"Y ahora, que aquel que caminó en íntima comunión con la primera pareja humana en los días de la inocencia, aquel Varón de dolores cuyo ministerio milagroso produjo gran regocijo en la fiesta de bodas, aquel que morando en su corazón puede hacer de su hogar una morada de amor y paz — el Padre, el Hijo y el Espíritu Santo — sean con ustedes para siempre. Amén."

CEREMONIA 4

Se deja al criterio del ministro el orden del programa. Unos comienzan con la lectura de partes seleccionadas de las Sagradas Escrituras; otros, con oración y aun otros con reminiscencias oportunas de ejemplos bíblicos. Hay quienes omiten todo eso al principio y lo reservan para el final. Unos oran al principio y también al final. Lo mejor es que cada ministro determine desde el principio la forma de ceremonia que va a emplear, de acuerdo con lo que prefieran los novios. El ministro debe asegurarse de que los contrayentes hayan cumplido con los requisitos de la ley civil.

El padrenuestro (opcional)

Institución del matrimonio

Los novios (el hombre a la derecha de la mujer) permanecerán de pie ante el ministro y los testigos.

Dirigiéndose a la congregación, el ministro dirá:

"La divina revelación declara que el matrimonio es un estado honroso; instituido por Dios cuando el hombre aún era inocente, antes que pecara contra su Hacedor y fuera expulsado del Paraíso. Fue una concesión sabia y benéfica para guardar el orden social y transmitir — mediante el buen orden familiar — la pureza, la santidad y la verdad de generación en generación.

"Cristo aprobó el matrimonio cuando hizo su primer milagro y santificó con su presencia las bodas de Caná de Galilea. San Pablo recomienda que es digno de honor entre todos. Por tanto, debe contraerse con reverencia y en el temor de Dios."

Votos

Dirigiéndose a los novios, el ministro dirá:

"Como señal de su unión como esposo y esposa, tómense ahora de la mano."

Dirigiéndose al novio, el ministro preguntará:

"____________________ (*nombre del novio*), ¿toma usted a esta mujer, cuya mano sostiene, como su legítima esposa? ¿Promete solemnemente delante de Dios y de estos testigos amarla, honrarla y consolarla, manteniéndose fiel a ella y cumpliendo con todos los deberes de un esposo hacia su esposa, mientras Dios le conceda vida?"

El novio responderá: "Sí, lo haré."

Dirigiéndose a la novia, el ministro preguntará:

"________________ (*nombre de la novia*), ¿toma usted a este hombre, cuya mano sostiene, como su legítimo esposo? ¿Promete solemnemente delante de Dios y de estos testigos amarlo, honrarlo y consolarlo, manteniéndose fiel a él y cumpliendo con todos los deberes de una esposa hacia su esposo, mientras Dios le conceda vida?"

La novia responderá: "Sí, lo haré."

Si el novio va a entregarle un anillo a la novia, el ministro lo tomará de la mano del novio. Dirigiéndose a él, le preguntará:

"________________ (*nombre del novio*), ¿le da usted este anillo a ________________ (*nombre de la novia*) como prenda y prueba de que la toma como su legítima esposa, como señal de amor puro y sincero de que usted la amará y cumplirá fielmente los votos sagrados con que ahora se ha juramentado con ella?

El novio responderá: "Sí."

Dirigiéndose a la novia, el ministro preguntará:

"________________ (*nombre de la novia*), ¿acepta usted este anillo de parte de ________________ (*nombre del novio*), a quien ha tomado como su legítimo esposo, como prueba y prenda de amor verdadero, y de que cumplirá fielmente los votos sagrados que le ha hecho?"

La novia responderá: "Sí."

El ministro le devolverá el anillo al novio, indicándole que se lo ponga a la novia, y dirá a los dos:

"Sea éste el sello de su fe mutua y del afecto y felicidad que sienten el uno por el otro, recuerdo de esta sagrada celebración y de los sacrosantos vínculos conyugales por los cuales se han unido en santo matrimonio hasta que la muerte los separe."

Pronunciamiento

"Por cuanto este hombre y esta mujer solemnemente delante de Dios y de estos testigos se han dado y empeñado su fe y palabra el uno al otro, y lo han manifestado con la unión de las manos, ahora yo los declaro esposo y esposa en el nombre del Padre, y del Hijo y del Espíritu Santo. Amén. A los que Dios ha unido, que ningún hombre los separe."

Oración y bendición pastoral

El ministro les dirá a los novios que se arrodillen, y concluirá con la siguiente oración y bendición pastoral:

"Dios eterno, Creador y Soberano del género humano, Dador de toda gracia espiritual, Autor de la vida eterna: Bendice a este hombre y a esta mujer. Ayúdales día tras día a formar su hogar del cual tú seas la cabeza y el huésped invisible. Ayúdales a cumplir y a guardar siempre los votos y promesas que se han hecho este memorable día.

"Que Dios el Padre, Dios el Hijo, y Dios el Espíritu Santo los bendiga, los guarde y los mantenga firmes; que el Señor en su misericordia vuelva a ustedes su rostro para bendecirlos rica y abundantemente, y los llene de su santo amor, y que en el mundo venidero disfruten de la vida perdurable. Amén."

Pasajes bíblicos

El ministro seleccionará algunos de los siguientes pasajes para leer durante la ceremonia de acuerdo con el orden del programa establecido de antemano:

"Y dijo Jehová Dios: No es bueno que el hombre esté

solo; le haré ayuda idónea para él. Jehová Dios formó, pues, de la tierra toda bestia del campo, y toda ave de los cielos, y las trajo a Adán para que viese cómo las había de llamar; y todo lo que Adán llamó a los animales vivientes, ese es su nombre. Y puso Adán nombre a toda bestia y ave de los cielos y a todo ganado del campo; mas para Adán no se halló ayuda idónea para él. Entonces Jehová Dios hizo caer sueño profundo sobre Adán, y mientras éste dormía, tomó una de sus costillas, y cerró la carne en su lugar. Y de la costilla que Jehová Dios tomó del hombre, hizo una mujer, y la trajo al hombre. Dijo Entonces Adán: Esto es ahora hueso de mis huesos y carne de mi carne; ésta será llamada Varona, porque del varón fue tomada. Por tanto, dejará el hombre a su padre y a su madre, y se unirá a su mujer, y serán una sola carne" (Génesis 2:18-24).

"Quiero, pues, que los hombres oren en todo lugar, levantando manos santas, sin ira ni contienda. Asimismo que las mujeres se atavíen de ropa decorosa, con pudor y modestia; no con peinado ostentoso, ni oro, ni perlas, ni vestidos costosos, sino con buenas obras, como corresponde a mujeres que profesan piedad. . . . Quiero, pues, que las viudas jóvenes se casen, críen hijos, gobiernen su casa; que no den al adversario ninguna ocasión de maledicencia" (1 Timoteo 2:8-10; 5:14).

"Honroso sea en todos el matrimonio, y el lecho sin mancilla; pero a los fornicarios y a los adúlteros los juzgará Dios" (Hebreos 13:4).

"Casadas, estad sujetas a vuestros maridos, como conviene en el Señor. Maridos, amad a vuestras mujeres, y no seáis ásperos con ellas" (Colosenses 3:18-19).

"Goza de la vida con la mujer que amas, todos los días de la vida de tu vanidad que te son dados debajo del sol, todos los días de tu vanidad; porque esta es tu parte en la vida, y en tu trabajo con que te afanas debajo del sol" (Eclesiastés 9:9).

Otros pasajes pertinentes

Proverbios 7:6-27; 12:4;
31:10-12,14,20,23;
31:10-31
Mateo 19:3-12; 22:30
Romanos 7:2-3
1 Corintios 6:16
1 Corintios 7:29-31
1 Corintios 11:8-9,11-12
2 Corintios 6:14-18
Tito 2:3-5
1 Pedro 3:1-7

EL BAUTISMO

Los sacramentos

El cristianismo neotestamentario no es una religión de ritos sino una relación íntima entre el ser humano y Dios, es decir, el contacto directo que mantiene el Creador con su creación por medio del Espíritu Santo. Por lo tanto, no establece un sistema rígido de culto, sino que le da un marco amplio a la Iglesia dentro del cual rendirle culto.

Hay, sin embargo, dos ceremonias que son esenciales, ya que fueron divinamente ordenadas: el bautismo y la Santa Cena. En virtud de su carácter sagrado, se les describe a veces como sacramentos, es decir, cosas sagradas. También se les llama ordenanzas, porque fueron ceremonias ordenadas por el Señor Jesucristo.

La palabra "bautizar" empleada en la fórmula del bautismo significa literalmente 'sumergir'. Esta interpretación está confirmada por estudiosos del idioma griego e historiadores eclesiásticos. El bautismo por inmersión concuerda con el significado simbólico del bautismo, es decir, muerte, sepultura y resurrección (Romanos 6:1-14).

Preparación de los candidatos

Sólo debe bautizarse a las personas que han reconocido su pecado, se han arrepentido y han aceptado a Jesucristo como su Salvador personal. El ministro les enseñará las doctrinas cristianas, acompañando el texto bíblico con un manual de doctrinas cristianas. Cuando esté convencido de la conversión genuina de estos candidatos, les instruirá sobre la necesidad del bautismo en agua. A los que deseen dar este importante paso, conviene interrogarlos en cuanto a sus convicciones cristianas, para evitar así bautizar a los que no den pruebas de verdadera conversión.

Antes de la ceremonia, el ministro se reunirá con los candidatos aprobados a fin de prepararlos física y espiritualmente para el bautismo y asegurar así la solemnidad de la ceremonia. En cuanto a lo físico, podrá mostrarles cómo cruzar las manos sobre el pecho en el momento previo a la inmersión en el agua. En cuanto a lo espiritual, podrá pedirles que acepten el siguiente compromiso que les leerá:

"Mediante el sufrimiento expiatorio del Señor Jesucristo hemos establecido una relación con Dios, relación que se llama nuevo pacto, según la cual hemos recibido el perdón de los pecados y la vida eterna.

"Esta ceremonia de bautismo nos recuerda nuestras obligaciones hacia Dios y hacia los demás. Por lo tanto, aprovechamos la oportunidad para consagrarnos de nuevo y renovar nuestras promesas. Nos comprometemos a trabajar para el progreso de la iglesia en conocimiento y santidad, para promover su espiritualidad y para mantenernos firmes en su culto, disciplina y doctrina.

"Como administradores de lo que Dios nos ha confiado, nos comprometemos a contribuir con alegría y regularmente al sostenimiento del ministerio, a los gastos de la iglesia, al auxilio de los pobres y a la extensión del evangelio por todo el mundo.

"En cuanto a nuestro hogar, nos comprometemos a mantener el culto familiar y la oración privada, a criar a nuestros hijos en el temor del Señor y a buscar la salvación de nuestros seres queridos y de nuestros conocidos.

"En virtud de nuestro llamado como creyentes, y por amor a los inconversos por quienes también murió Jesucristo, nos comprometemos a andar con prudencia y discreción delante del mundo, evitando lo pecaminoso o reprochable; a ser justos en nuestro trato con los demás, fieles en nuestros compromisos y ejemplares en nuestra conducta; a evitar los chismes, las murmuraciones y la ira; y a ser fervientes en nuestro esfuerzo por fomentar el reino de nuestro Señor y Salvador.

"Por cuanto tenemos un solo Señor y nos une como hermanos una sola fe, nos comprometemos a velar los unos por los otros en amor fraternal, a orar los unos por los otros, a ayudarnos en tiempos de enfermedad y de dificultades, a ser corteses en nuestra manera de hablar, a no ofendernos por nada y a estar siempre dispuestos a procurar la reconciliación según las enseñanzas de nuestro Señor.

El ministro preguntará a los candidatos:

"¿Aceptan ustedes este compromiso?"

Los candidatos al unísono responderán: "Sí, lo aceptamos, y por la gracia de Dios lo cumpliremos."

Instrucciones para el ministro

Se acostumbra celebrar un breve culto devocional antes de la ceremonia de bautismo. Si el culto se celebra en un lugar público donde se han congregado los inconversos, es ideal explicar el plan de la salvación y el significado maravilloso del bautismo en agua. Tanto ante creyentes como ante inconversos es provechoso establecer la base bíblica del bautismo mediante la lectura de alguno(s) de los pasajes que aparecen al final de este capítulo.

Si el bautismo se realiza en un bautisterio, el ministro bajará primero y ayudará a los candidatos a bajar para evitar que se resbalen o tropiecen. Si el bautismo se realiza en un río, deberá bautizar contra la corriente, de modo que la fuerza de la corriente lo ayude a levantar del agua a la persona bautizada. En cualquier caso, procurará dar el frente al público para que todos puedan ver el acto del bautismo.

El ministro orará por los candidatos y, a medida que le haya dado a cada uno de ellos la oportunidad de testificar de su fe en el Señor Jesucristo y de su firme y fiel determinación de perseverar hasta el fin, los irá bautizando uno por uno, empleando una de las siguientes fórmulas:

"Hermano(a) ____________________ (*nombre del candidato*), por cuanto usted ha creído en el Señor Jesucristo, y lo ha aceptado como su Salvador personal, yo lo(a) bautizo en el nombre del Padre, y del Hijo, y del Espíritu Santo. Amén."

"En obediencia a la gran comisión, y según su profesión de fe en el Señor Jesucristo, bautizo a ______________ (*nombre del candidato*) en el nombre del Padre, y del Hijo, y del Espíritu Santo. Amén."

"Por su confesión de fe en Jesús como Cristo, el Hijo de Dios y su Salvador, yo lo(a) bautizo en el nombre del Padre, y del Hijo, y del Espíritu Santo. Amén."

Con una mano el ministro tomará las manos cruzadas del candidato y con la otra lo apoyará debajo de la nuca a fin de levantarlo con seguridad del agua. Luego lo sumergirá y lo levantará, evitando cualquier actitud que reste solemnidad o provoque risa.

Después que todos hayan sido bautizados, el ministro orará por ellos y despedirá a la congregación, a no ser que se celebre el bautismo durante una de las partes preliminares de un culto.

Pasajes bíblicos

"En aquellos días vino Juan el Bautista predicando en el desierto de Judea, y diciendo: Arrepentíos, porque el reino de los cielos se ha acercado. Pues éste es aquél de quien habló el profeta Isaías, cuando dijo: Voz del que clama en el desierto: Preparad el camino del Señor, enderezad sus sendas. Y Juan estaba vestido de pelo de camello, y tenía un cinto de cuero alrededor de sus lomos; y su comida era langostas y miel silvestre. Y salía a él Jerusalén, y toda Judea, y toda la provincia de alrededor del Jordán, y eran bautizados por él en el Jordán, confesando sus pecados. Al ver él que muchos de los fariseos y de los saduceos venían a su bautismo, les decía: ¡Generación de víboras! ¿Quién os enseñó a huir de la ira venidera? Haced, pues, frutos dignos de arrepentimiento, y no penséis decir dentro de vosotros mismos: A Abraham tenemos por padre; porque yo os digo que Dios puede levantar hijos a Abraham aun de estas piedras. Y ya también el hacha está puesta a la raíz de los árboles; por tanto, todo árbol que no da buen fruto es cortado y echado en el fuego. Yo a la verdad os bautizo en agua para arrepentimiento; pero el que viene tras mí, cuyo calzado yo no soy digno de llevar, es más poderoso que yo; él os bautizará en Espíritu Santo y fuego. Su aventador está en su mano, y limpiará su era; y recogerá su trigo en el granero, y quemará la paja en fuego que nunca se apagará. Entonces Jesús vino de Galilea a Juan al Jordán, para ser bautizado por él. Mas Juan se le oponía, diciendo: Yo necesito ser bautizado por ti, ¿y tú vienes a mí? Pero Jesús le respondió: Deja ahora, porque así conviene que cumplamos toda justicia. Entonces le dejó. Y Jesús, después que fue bautizado, subió luego del agua; y he aquí los cielos le fueron abiertos, y vio al Espíritu de Dios que descendía como paloma, y venía sobre él. Y hubo una voz de los cielos, que decía: Este es mi Hijo amado, en quien tengo complacencia" (Mateo 3:1-17).

"Principio del evangelio de Jesucristo, Hijo de Dios. Como está escrito en Isaías el profeta: He aquí yo envío mi mensajero delante de tu faz, el cual preparará tu camino delante de ti. Voz del que clama en el desierto: Preparad el camino del Señor; enderezad sus sendas. Bautizaba Juan en el desierto, y predicaba el bautismo de arrepentimiento para perdón de pecados. Y salían a él toda la provincia de Judea, y todos los de Jerusalén; y eran bautizados por él en el río Jordán, confesando sus pecados. Y Juan estaba vestido de pelo de camello, y tenía un cinto de cuero alrededor de sus lomos; y comía langostas y miel silvestre. Y predicaba, diciendo: Viene tras mí el que es más poderoso que yo, a quien no soy digno de desatar encorvado la correa de su calzado. Yo a la verdad os he bautizado con agua; pero él os bautizará con Espíritu Santo. Aconteció en aquellos días, que Jesús vino de Nazaret de Galilea, y fue bautizado por Juan en el Jordán. Y luego, cuando subía del agua, vio abrirse los cielos, y al Espíritu como paloma que descendía sobre él. Y vino una voz de los cielos que decía: Tú eres mi Hijo amado; en ti tengo complacencia" (Marcos 1:1-11).

"Y Jesús se acercó y les habló diciendo: Toda potestad me es dada en el cielo y en la tierra. Por tanto, id, y haced discípulos a todas las naciones, bautizándolos en el nombre del Padre, y del Hijo, y del Espíritu Santo; enseñándoles que guarden todas las cosas que os he mandado;

y he aquí yo estoy con vosotros todos los días, hasta el fin del mundo. Amén" (Mateo 28:18-20).

"Finalmente se apareció a los once mismos, estando ellos sentados a la mesa, y les reprochó su incredulidad y dureza de corazón, porque no habían creído a los que le habían visto resucitado. Y les dijo: Id por todo el mundo y predicad el evangelio a toda criatura. El que creyere y fuere bautizado, será salvo." (Marcos 16:14-16).

"Pedro les dijo: Arrepentíos, y bautícese cada uno de vosotros en el nombre de Jesucristo para perdón de los pecados; y recibiréis el don del Espíritu Santo. Porque para vosotros es la promesa, y para vuestros hijos, y para todos los que están lejos; para cuantos el Señor nuestro Dios llamare. Y con otras muchas palabras testificaba y les exhortaba, diciendo: Sed salvos de esta perversa generación. Así que, los que recibieron su palabra fueron bautizados; y se añadieron aquel día como tres mil personas. Y perseveraban en la doctrina de los apóstoles, en la comunión unos con otros, en el partimiento del pan y en las oraciones" (Hechos 2:38-42).

"O no sabéis que todos los que hemos sido bautizados en Cristo Jesús, hemos sido bautizados en su muerte? Porque somos sepultados juntamente con él para muerte por el bautismo, a fin de que como Cristo resucitó de los muertos por la gloria del Padre, así también nosotros andemos en vida nueva" (Romanos 6:3-4).

". . . todos los que habéis sido bautizados en Cristo, de Cristo estáis revestidos" (Gálatas 3:27).

". . . [fuisteis] sepultados con él en el bautismo, en el cual fuisteis también resucitados con él, mediante la fe en el poder de Dios que le levantó de los muertos" (Colosenses 2:12).

Véanse también Hechos 8:26-39, 10:44-48 y 16:25:34.

RECEPCIÓN DE NUEVOS MIEMBROS

Los candidatos se presentarán delante de la congregación, a la cual el ministro dirá:

"Amados hermanos, las Escrituras nos enseñan que la iglesia es un cuerpo y un ejército que tiene por cabeza y capitán a Jesucristo. El plan de Dios consiste en juntar en un mismo rebaño a todos los nacidos de nuevo a fin de mantener firmes a los creyentes y de predicarles el evangelio a los que no han creído en Cristo.

"Es el deber de los miembros procurar la paz y la unidad de la iglesia, sobrellevando los unos las cargas de los otros, socorriéndose mutuamente, siendo fieles a la iglesia y contribuyendo al sostenimiento de ella en sus actividades."

Dirigiéndose a los candidatos, el ministro dirá:

"Hermanos, ustedes han hecho profesión pública de su fe en Cristo, han sido bautizados en el nombre del Padre, y del Hijo, y del Espíritu Santo, y han sido recomendados por el cuerpo oficial de la iglesia para ser admitidos como miembros. ¿Prometen ahora llevar una vida santa como fieles seguidores de Cristo, y contribuir a la paz, prosperidad y unidad de la iglesia?"

Los candidatos al unísono responderán: "Sí, lo prometemos."

El ministro dirá:

"Por cuanto han hecho profesión de su fe en el Señor Jesucristo, los recibimos como miembros de esta iglesia con los privilegios y deberes propios de nuestra familia espiritual.

El ministro le dará la bienvenida a cada uno de los nuevos miembros, estrechándole la mano derecha, y concluirá con la siguiente bendición pastoral:

"Que Dios el Padre, Dios el Hijo y Dios el Espíritu Santo les bendiga y les guarde ahora y para siempre. Amén."

"Y el Dios de paz que resucitó de los muertos a nuestro Señor Jesucristo, el gran pastor de las ovejas, por la sangre del pacto eterno, os haga aptos en toda obra buena para que hagáis su voluntad, haciendo él en vosotros lo que es agradable delante de él por Jesucristo; al cual sea la gloria por los siglos de los siglos. Amén" (Hebreos 13:20-21).

LA SANTA CENA

El pastor debe anunciar con debida anticipación el culto de Santa Cena, exhortar a los creyentes a prestar atención a la preparación espiritual y avisarles a los inconversos del peligro de tomarla sin estar debidamente preparados. Es importante que los miembros entiendan que a la mesa del Señor deben ir con el corazón limpio y sin pecado (1 Corintios 11:27-32). Por eso todo el que desee participar en la Cena del Señor debe preparar el corazón. El que haya caído en pecado debe arrepentirse y buscar el perdón. En caso de haber rencores y disgustos entre algunos de los miembros, deben reconciliarse antes de acercarse a la mesa del Señor.

El pastor también debe anunciar que tanto él como los ancianos están dispuestos a ayudar espiritualmente a quienes lo pidan. Después de la exhortación, conviene que todos se entreguen a la oración y meditación delante de Dios.

Por lo general se celebra la Santa Cena al terminar el culto de la mañana o de la noche el primer domingo del mes.

No se debe apresurar esta ceremonia. Es un acto solemne, y debe esperarse que los participantes reciban ricas bendiciones de parte del Espíritu Santo al permanecer en su presencia durante la ceremonia.

Como esta ceremonia es de carácter netamente espiritual y exclusivamente para los creyentes, debe celebrarse preferiblemente en un culto cuando estén reunidos los hermanos, y no en un culto común de evangelización. Así habrá mayor libertad para entrar en íntima comunión con el Señor.

El pastor debe explicar con anticipación el orden del culto y quiénes le ayudarán a repartir el pan y el fruto de la vid.

En una asamblea pequeña es conveniente que los participantes se reúnan en el altar y allí esperen, en actitud silenciosa y en oración, la presencia del Señor.

CEREMONIA 1

Al disponerse a celebrar la Cena del Señor, el ministro bajará de la plataforma y se situará frente a la mesa preparada de antemano. Pedirá a los diáconos o personas designadas que pasen a la mesa junto a él.

Después que el ministro haya bajado de la plataforma y sus ayudantes se hayan situado a su lado, se elevará una oración a Dios pidiendo su bendición sobre los elementos, y los diáconos o personas designadas procederán a repartirlos.

Antes de comer el pan, el ministro leerá:

"Porque yo recibí del Señor lo que también os he enseñado: Que el Señor Jesús, la noche que fue entregado, tomó pan; y habiendo dado gracias, lo partió, y dijo: Tomad, comed; esto es mi cuerpo que por vosotros es partido; haced esto en memoria de mí" (1 Corintios 11:23-24).

Y dirá:

"Comamos todos el pan."

De la misma manera leerá:

"Asimismo tomó también la copa, después de haber cenado, diciendo: Esta copa es el nuevo pacto en mi sangre; haced esto todas las veces que la bebiereis, en memoria de mí. Así, pues, todas las veces que comiereis este pan, y bebiereis esta copa, la muerte del Señor anunciáis hasta que él venga" (1 Corintios 11:25-26).

Y dirá:

"Bebamos todos de la copa."

Después de haber bebido de la copa y de haber tenido un momento de meditación y de adoración al Señor, el ministro leerá:

"Así, pues, todas las veces que comiereis este pan, y bebiereis esta copa, la muerte del Señor anunciáis hasta que él venga" (1 Corintios 11:26).

"La Palabra de Dios dice que después que Cristo y sus discípulos comieron el pan y bebieron de la copa, celebrando así la primera Cena del Señor, cantaron un himno antes de retirarse del aposento alto" (Mateo 26:30; Marcos 14:26).

Se cantará un himno o un coro.

Nota: Algunas iglesias acostumbran recoger una ofrenda para los pobres al final de la Cena.

CEREMONIA 2

Antes de acercarse los participantes al altar, el ministro leerá uno de los siguientes pasajes, dando preferencia al primero de ellos: 1 Corintios 11:23-26; Mateo 26:17-20, 26-29; Marcos 14:12-17, 22-25; Lucas 22:7-20.

El ministro y los diáconos o personas designadas se situarán frente a la mesa en la que se han puesto los elementos. Después de orar, el ministro leerá otra vez los versículos en cuanto al pan, lo tomará y lo entregará a sus ayudantes, quienes lo distribuirán entre los participantes. Se podrá cantar un himno o algunos coros durante la distribución.

Servidos todos, el pastor servirá a los ayudantes, y por último se le servirá a él.

Todos unidos comerán en silencio.

De la misma manera se servirá la copa, y al final se cantará un himno o coro de alabanza.

Nota: El pastor se sentirá en plena libertad de pedir que se canten algunos himnos o coros, o puede tener un tiempo de adoración durante el culto conforme lo guíe el Espíritu Santo.

DEDICACIÓN DE LOS NIÑOS

En las Sagradas Escrituras no hay ninguna enseñanza ni ejemplos que autoricen el bautismo de los niños. Según el Nuevo Testamento, el candidato al bautismo debe haberse arrepentido de sus pecados (Hechos 2:38) y haber creído en Jesucristo (Hechos 8:37). No pueden cumplir esos dos requisitos quienes no hayan llegado al uso de la razón.

Por otra parte, las Sagradas Escrituras enseñan acerca de la presentación y dedicación pública de los niños a Dios, durante la cual le pedimos a Dios que bendiga a los niños y la vida que tienen por delante. Cuando así procedemos, estamos siguiendo una práctica admitida por la Iglesia de todos los tiempos. No es bautismo en agua, sino una presentación del niño a Dios, una acción de gracias y de fe, una súplica de la bendición divina.

CEREMONIA 1

Himno o coro

Los padres traerán al niño al frente mientras se canta un himno o coro apropiado.

Lectura bíblica

El ministro procederá a leer los siguientes pasajes:

"Y le presentaban niños para que los tocase; y los discípulos reprendían a los que los presentaban. Viéndolo Jesús, se indignó, y les dijo: Dejad a los niños venir a mí, y no se lo impidáis; porque de los tales es el reino de Dios. De cierto os digo, que el que no reciba el reino de Dios como un niño, no entrará en él. Y tomándolos en los brazos, poniendo las manos sobre ellos, los bendecía" (Marcos 10:13-16).

"Entonces le fueron presentados unos niños, para que pusiese las manos sobre ellos, y orase; y los discípulos les reprendieron. Pero Jesús dijo: Dejad a los niños venir a mí, y no se lo impidáis; porque de los tales es el reino de los cielos. Y habiendo puesto sobre ellos las manos, se fue de allí" (Mateo 19:13-15).

"Y amarás a Jehová tu Dios de todo tu corazón, y de toda tu alma, y con todas tus fuerzas. Y estas palabras que yo te mando hoy, estarán sobre tu corazón; y las repetirás a tus hijos, y hablarás de ellas estando en tu casa, y andando por el camino, y al acostarte, y cuando te levantes. Y las atarás como una señal en tu mano, y estarán como frontales entre tus ojos; y las escribirás en los postes de tu casa, y en tus puertas" (Deuteronomio 6:4-9).

"Así, no es la voluntad de vuestro Padre que está en los cielos, que se pierda uno de estos pequeños" (Mateo 18:14).

Exhortación a la congregación

Dirigiéndose a la congregación, el ministro dirá:

"Mis amados hermanos y amigos, Dios ordenó la familia como una institución divina desde los comienzos de la humanidad. Los hijos son la herencia que el Señor ha confiado al cuidado de sus padres. De aquí la responsabilidad que éstos tienen ante Dios y la sociedad de velar por sus hijos. Damos testimonio de que Cristo es Rey y Señor sobre nuestra vida y la vida de nuestro hijos.

"Nos comprometemos, en cuanto nos sea posible, a instruir a este niño (esta niña, o estos niños) en su ley y en su santa voluntad. La Biblia nos ofrece muchos ejemplos de esto.

"Jocabed instruyó a su hijo Moisés después de haberlo entregado al Señor. Ana reconoció que su hijo Samuel pertenecía a Jehová. La virgen María llevó al templo a su hijo para dedicarlo a Dios.

"Los padres de este niño (esta niña) reconocen su responsabilidad de educar, enseñar y exhortar a esta criatura en el temor y obediencia de la Palabra de Dios desde temprana edad.

"Traemos a Dios a los niños que Él nos ha confiado, los dedicamos a Él y le suplicamos que los bendiga."

Pacto

El ministro pedirá a los padres que afirmen su compromiso con el niño haciéndoles las siguientes preguntas:

Ministro: "Delante de Dios y de estos testigos, ¿prometen ustedes criar a esta criatura en el temor del Señor?"

Los padres responderán: "Sí, lo haremos."

Ministro: "¿Prometen, además guiarlo(a) a diario en el pleno conocimiento del camino del Señor?

Los padres: "Sí, lo haremos."

Ministro: "¿Prometen instruirlo(a) para que conozca a Cristo como su Salvador personal?"

Los padres: "Sí, lo haremos."

Ministro: "¿Prometen, en cuanto esté de su parte, darle a esta criatura un ejemplo consecuente y piadoso de la vida cristiana?"

Los padres: "Sí, lo haremos."

Ministro: "¿Presentan a este niño (esta niña) en solemne y sincera dedicación?"

Los padres: "Sí."

Ministro: "¿Se consagran a criar a este niño (esta niña) en la doctrina y enseñanza de la Santa Palabra de Dios?"

Los padres: "Sí."

Ministro: "¿Prometen criar a este niño (esta niña) en la práctica diaria de la oración, y ayudarle a formar el carácter cristiano, y a hacer todo lo que esté a su alcance para crear en su hogar un ambiente de devoción a Dios?"

Los padres: "Sí, lo haremos."

Ministro: "Por cuanto ustedes han prometido delante de Dios y de esta congregación dedicar este niño (esta niña) a Dios, y lo han afirmado con sus propias palabras, los exhorto a que se dediquen a esta sagrada obligación con sabiduría, perseverancia y santa devoción."

Dedicación

Tomando al niño (a la niña) en los brazos (si no hay inconveniente) y poniendo las manos sobre él (ella), el ministro dirá:

"________________ (*nombre de la criatura*), te dedicamos a Dios el Padre, el Hijo y el Espíritu Santo. Que el Señor te fortalezca todos los días de tu vida."

Oración dedicatoria

"Ahora, Padre, Creador del cielo y de la tierra, te ruego por el bienestar de este niño (esta niña). Líbralo(a) de las corrientes del pecado y de las enfermedades del cuerpo. Que a medida que crezca en edad y en estatura, crezca también en la gracia y en el conocimiento de nuestro Señor Jesucristo. Dales a sus padres sabiduría para que lo críen en tus caminos. Lo dedicamos a tu honra y tu servicio, en el nombre del Padre, y del Hijo, y del Espíritu Santo. Amén."

Himno o coro final

Una vez que el ministro haya orado, se cantará un himno o un coro. Mientras se canta, los padres volverán a su asiento y el ministro volverá al púlpito para despedir a la congregación.

CEREMONIA 2

Himno o coro

Mientras los padres pasan al frente con el niño (la niña), se cantará un himno o un coro apropiado.

Lectura bíblica

El ministro bajará del púlpito a encontrarse con los padres y el niño (la niña), y procederá a leer lo siguiente:

"Ana dio a luz un hijo, y le puso por nombre Samuel. . . . Y lo trajo a la casa de Jehová en Silo . . . a Elí. Y ella dijo: . . . Por este niño oraba, y Jehová me dio lo que le pedí. Yo, pues, lo dedico también a Jehová; todos los días que viva, será de Jehová. . . . Y Samuel creció, y Jehová estaba con él, y no dejó caer a tierra ninguna de sus palabras" (1 Samuel 1:20, 24-28; 3:19).

Luego comentará:

"En el Nuevo Testamento leemos en cuanto a Cristo que, al cumplir los ochos días de nacido,

'le pusieron por nombre Jesús . . . y . . . le trajeron a Jerusalén para presentarle al Señor. . . . Y he aquí había en Jerusalén un hombre llamado Simeón, y . . . él le tomó en sus brazos, y bendijo a Dios, diciendo: Ahora, Señor, despides a tu siervo en paz, conforme a tu palabra; porque han visto mis ojos tu salvación. . . . Y José y su madre estaban maravillados de todo lo que se decía de él. . . . Y el niño crecía y se fortalecía, y se llenaba de sabiduría; y la gracia de Dios era sobre él' (Lucas 2:22,25, 28-30, 33,40).

"El Antiguo Testamento también nos da sabios consejos respecto a la crianza de los niños:

'Instruye al niño en su camino, y aun cuando fuere viejo no se apartará de él' (Proverbios 22:6).

'Y Jehová dijo: . . . Yo sé que [Abraham] mandará a sus hijos y a su casa después de sí, que guarden el camino de Jehová, haciendo justicia y juicio' (Génesis 18:17,19).

'Y estas palabras que yo te mando hoy, estarán sobre tu corazón; y las repetirás a tus hijos, y hablarás de ellas estando en tu casa, y andando por el camino, y al acostarte, y cuando te levantes' (Deuteronomio 6:6-7)."

Pacto

Dirigiéndose a los padres, el ministro dirá:

"Hermanos, estamos reunidos con motivo de una ocasión feliz. Al igual que María y Ana en los tiempos bíblicos, ustedes han traído a este niño (esta niña) al templo para presentarlo(a) a Dios. Ya conocen las palabras del Maestro: 'Dejad a los niños venir a mí, y no se lo impidáis; porque de los tales es el reino de los cielos.'

"Es correcto que ustedes traigan este niño (esta niña) a los pocos días de nacido(a). El misterio y maravilla de esta nueva vida los hace venir con temor reverente ante el Padre de toda vida, para que les dé un nuevo mensaje referente a la dignidad de la vida y la responsabilidad de la paternidad.

"El propósito de este acto es ayudarles, como padres, a apreciar la responsabilidad de instruir al niño (a la niña) en los caminos del Señor, para que cuando tenga uso de razón, elija el bien sobre el mal y acepte a Jesucristo como su Salvador y Maestro. Dios tiene un propósito para la vida de este niño (esta niña). Encontrar ese propósito y llevarlo a cabo significará el éxito; rechazarlo o pasarlo por alto significará el fracaso, no importa cuánto nos aclame el mundo. Es su privilegio y deber el guiar a su hijo(a) dentro de la voluntad perfecta de Dios para su vida.

"En este empeño, ustedes deben consagrarse hoy mismo; para este fin hoy dedican a su hijo(a) a Dios.

"De acuerdo con el propósito para el cual ustedes han venido, deben responder al siguiente pacto."

Ministro: "¿Presentan ustedes a su hijo(a) ante Dios para dedicarlo(a) solemnemente al servicio del Señor?"

Los padres: "Sí."

Ministro: "¿Se consagran como padres de este niño (esta niña) a instruirlo(a) en las enseñanzas y caminos del Señor?"

Los padres: "Sí."

Ministro: "¿Prometen instruirlo(a) en las enseñanzas de Jesucristo, y guiarlo(a) en el desarrollo de un carácter cristiano?"

Los padres: "Sí."

Ministro: "¿Prometen moldear hasta donde sea posible la vida de su hijo(a) en el hogar, mediante sus devociones familiares, por la palabra y por el ejemplo, para que a la edad apropiada acepte a Jesucristo y participe de la comunión de los creyentes y preste servicios a la iglesia de Cristo?"

Los padres: "Sí."

Ministro: "Por cuanto ustedes han prometido delante de Dios y de esta congregación dedicar a este niño (esta niña) a Dios, y lo han afirmado con sus propias palabras, los exhorto a que se dediquen a esta sagrada responsabilidad con sabiduría, perseverancia y santa devoción."

Oración dedicatoria

"Ahora, Padre, Creador del cielo y de la tierra, te ruego por el bienestar de este niño (esta niña). Líbralo(a) de las corrientes del pecado y de las enfermedades del cuerpo. Que a medida que crezca en edad y en estatura, crezca también en la gracia y en el conocimiento de nuestro Señor Jesucristo. Concédeles sabiduría a sus padres para que lo críen en tus caminos.

Lo dedicamos a tu honra y tu servicio, en el nombre del Padre, y del Hijo, y del Espíritu Santo. Amén."

Bendición pastoral

"Haga Jehová resplandecer su rostro sobre ti y tenga de ti misericordia; alce Jehová a ti su rostro, y ponga en ti paz."

Himno o coro final

Una vez que el ministro haya terminado de pronunciar estas palabras, la congregación cantará un himno o un coro apropiado.

ACCIÓN DE GRACIAS POR UNA QUINCEAÑERA

Es muy importante para una joven el llegar a la edad de quince años. Es como si le dijera al mundo que ya es una señorita. Esa edad le proporciona a la joven, a sus padres y a la iglesia una incomparable oportunidad de dar testimonio de su fe en Cristo.

Entrada del cortejo

Se escuchará música instrumental suave.

A la madre la llevará del brazo el ministro, hasta dejarla en uno de los lados de la plataforma. Él se situará al lado derecho de la silla dispuesta para la quinceañera, y allí permanecerá de pie durante toda la ceremonia.

A continuación desfilarán catorce parejas.

Cada joven llevará a una señorita de la mano izquierda. Cada una de las señoritas llevará una flor en la mano (pueden usarse gladiolos, claveles o azucenas). A medida que entren, las parejas se situarán a ambos lados de la quinceañera a todo lo ancho de la plataforma, el joven a un lado y la señorita al otro.

Entrada de la quinceañera

Se escuchará otra pieza musical apropiada.

La quinceañera entrará del brazo de su padre (o en su defecto, de quien escoja) y caminará lentamente hasta la plataforma, y se sentará en la silla especialmente decorada para la ocasión.

Dirigiéndose a los presentes, el ministro dirá:

"Amados hermanos y amigos, es para mí un privilegio darles la bienvenida en el nombre de Jesucristo a esta ceremonia de acción de gracias con motivo de los quince años de vida de ________________ (*nombre de la quinceañera*), hija de ______________ (*nombres y apellidos de los padres*). Con gran regocijo invoquemos la presencia de Dios en este acto y en la vida de esta joven. Oremos."

Oración

"Padre amado, nos acercamos a ti en este momento para darte gracias por la vida de ________________ (*nombre de la quinceañera*). Te damos gracias porque la has bendecido hasta esta hermosa edad de quince años. Te imploramos que tu Santo Espíritu la guarde y la proteja todos los días de su vida. En el nombre de Jesucristo te lo pedimos. Amén."

Entrega de flores y lectura bíblica

Ahora comenzará a escucharse otra pieza musical de fondo.

Cada señorita — comenzando con la última que entró — caminará hacia la silla donde se encuentra la quinceañera, le entregará la flor y le leerá de una Biblia — en la que se han marcado los catorce textos que se han de leer — el texto bíblico que le corresponde, de modo que todos puedan oírlo. (La primera señorita, que entró con la Biblia, se la entregará a la segunda después de leer su texto, la segunda a la tercera, y así sucesivamente.)

Señorita 1: "¿Con qué limpiará el joven su camino? Con guardar tu palabra" (Salmo 119:9).

Señorita 2: "Acuérdate de tu Creador en los días de tu juventud, antes que vengan los días malos, y lleguen los años de los cuales digas: No tengo en ellos contentamiento" (Eclesiastés 12:1).

Señorita 3: "Ninguno tenga en poco tu juventud, sino sé ejemplo de los creyentes en palabra, conducta, amor, espíritu, fe y pureza" (1 Timoteo 4:12).

Señorita 4: "Alégrate, joven, en tu juventud, y tome placer tu corazón en los días de tu adolescencia; y anda en los caminos de tu corazón y en la vista de tus ojos; pero sabe, que sobre todas estas cosas te juzgará Dios" (Eclesiastés 11:9).

Señorita 5: "Exhorta asimismo a los jóvenes a que sean prudentes; presentándote tú en todo como ejemplo de buenas obras; en la enseñanza mostrando integridad, seriedad" (Tito 2:6-7).

Señorita 6: "Huye también de las pasiones juveniles, y sigue la justicia, la fe, el amor y la paz, con los que de corazón limpio invocan al Señor" (2 Timoteo 2:22).

Señorita 7: "Mujer virtuosa, ¿quién la hallará? porque su estima sobrepasa largamente a la de las piedras preciosas" (Proverbios 31:10).

Señorita 8: "Someteos, pues, a Dios; resistid al diablo, y huirá de vosotros" (Santiago 4:7).

Señorita 9: "Mas el fruto del Espíritu es amor, gozo, paz, paciencia, benignidad, bondad, fe, mansedumbre, templanza; contra tales cosas no hay ley" (Gálatas 5:22-23).

Señorita 10: "Sobre toda cosa guardada, guarda tu corazón; porque de él mana la vida" (Proverbios 4:23).

Señorita 11: "Bienaventurados los de limpio corazón, porque ellos verán a Dios" (Mateo 5:8).

Señorita 12: "Vosotros sois la luz del mundo; una ciudad asentada sobre un monte no se puede esconder" (Mateo 5:14).

Señorita 13: "Mi corazón ha dicho de ti: Buscad mi rostro. Tu rostro buscaré, oh Jehová" (Salmo 27:8).

Señorita 14: "Y el mismo Dios de paz os santifique por completo; y todo vuestro ser, espíritu, alma y cuerpo, sea guardado irreprensible para la venida de nuestro Señor Jesucristo" (1 Tesalonicenses 5:23).

Entrega de la Biblia y coronación

Cuando todas las señoritas le hayan entregado las flores y le hayan leído el texto bíblico a la quinceañera, entrará el consejero de los jóvenes de la iglesia o la esposa del ministro, recibirá la Biblia de manos de la última señorita, se situará al lado de la joven y le dirá:

"Permita el Señor que guardes en tu corazón, como

un ramo de flores que nunca se marchita, los sabios consejos que te ha dado la Palabra de Dios. Si sigues con fidelidad la voluntad de Dios para ti, recibirás al final la corona de la vida."

Acto seguido, le entregará la Biblia marcada de la cual se han leído los catorce textos, y le pondrá en la cabeza una corona que ha tenido en la otra mano.

Intervención de los padres

El padre de la quinceañera hablará brevemente sobre algún hecho destacado en la vida de su hija. También la madre hablará algunos minutos acerca de ella. (Uno de los dos podrá dar a conocer las metas de su hija.)

Oración

El ministro invitará a toda la congregación a ponerse de pie, y orará así:

" Soberano Dios, te alabamos en esta hora y una vez más pedimos tu bendición en favor de ______________ (*nombre de la joven*). Haz que tu Palabra siempre dé abundante fruto en su vida. En el nombre de Jesucristo te lo pedimos. Amén."

Salida del cortejo y de la quinceañera

Se comenzará a escuchar una pieza musical majestuosa.

Las parejas comenzarán a salir de la plataforma hacia la puerta en orden inverso al que entraron.

Por último saldrá la quinceañera.

Nota: Si no pueden formarse catorce parejas, podrán formarse siete — o catorce señoritas solas en el caso de que no haya suficientes jóvenes para acompañarlas — para que el total de personas sume quince. Antes de la oración del ministro, se le pudiera dar oportunidad a la quinceañera para que diga algunas palabras de reconocimiento a sus padres, sus líderes espirituales y los hermanos de la iglesia. Si canta, ella pudiera hacerlo en ese momento.

MINISTERIO A LOS ENFERMOS

Cuando están enfermos, los creyentes esperan que sus pastores los visiten. A continuación ofrecemos datos y consejos referentes a este importante ministerio.

El Señor espera de sus ministros que visiten a los enfermos mostrándoles compasión y ofreciéndoles la ayuda espiritual que necesitan. Un pastor indiferente al dolor ajeno no es un digno representante de aquel que llevó nuestras enfermedades y nos mira con compasión eterna (Juan 21:15-17; 1 Juan 3:11-16; 4:7-21).

El quehacer de Dios es también el del ministro como embajador del gran Rey (2 Corintios 5:20). El ministro debe ayudar al enfermo a acercarse a Dios (Salmo 34:18; 145:18).

El ministro debe ayudar al enfermo a aprender la lección que Dios procura enseñarle a través de la enfermedad. Quizá Dios quiera inculcarle una lección de disciplina o mostrarle su fidelidad en la prueba (Job 23:10; Daniel 3:19-28).

El ministro no debe censurar a los enfermos de su congregación que consultan con los médicos, aunque debe enseñarles a confiar en el Médico divino.

Después de instruir al enfermo y prepararlo para recibir por fe su sanidad, debe orar confiando en que Dios lo sanará. Es conveniente unirse a personas de fe para orar por los enfermos. Es bueno mantener ese ambiente de fe después de la sanidad, hasta que el enfermo se fortalezca en la experiencia que ha tenido.

El ministro debe visitar a los enfermos y afligidos (Santiago 1:27) y tratar de inculcar en ellos pasajes bíblicos que se presten para ser usados por el Santo Espíritu de Dios.

La lectura de la Palabra de Dios y los testimonios de quienes han sido sanados por el Señor aumentan la fe del enfermo y preparan su corazón para la oración de fe con la que se acompaña. Los siguientes pasajes son los más claros y positivos de los muchos que Dios ha dejado por escrito en su Palabra.

Pasajes sobre la sanidad divina

"Jehová . . . les dio estatutos y ordenanzas, y allí los probó; y dijo: Si oyeres atentamente la voz de Jehová tu Dios, e hicieres lo recto delante de sus ojos, y dieres oído a sus mandamientos, y guardares todos sus estatutos, ninguna enfermedad de las que envié a los egipcios te enviaré a ti; porque yo soy Jehová tu sanador" (Éxodo 15:25-26).

". . . a Jehová vuestro Dios serviréis, y él bendecirá tu pan y tus aguas; y yo quitaré toda enfermedad de en medio de ti" (Éxodo 23:25)

"Y quitará Jehová de ti toda enfermedad; y todas las malas plagas de Egipto, que tú conoces, no las pondrá sobre ti, antes las pondrá sobre todos los que te aborrecieren" (Deuteronomio 7:15).

"Él es quien perdona todas tus iniquidades, el que sana todas tus dolencias" (Salmo 103:3).

"Fueron afligidos los insensatos, a causa del camino de su rebelión y a causa de sus maldades; su alma abominó todo alimento, y llegaron hasta las puertas de la muerte. Pero clamaron a Jehová en su angustia, y los libró de sus aflicciones. Envió su palabra, y los sanó, y los libró de su ruina. Alaben la misericordia de Jehová, y sus maravillas para con los hijos de los hombres" (Salmo 107:17-21).

"Ciertamente llevó él nuestras enfermedades, y sufrió nuestros dolores; y nosotros le tuvimos por azotado, por herido de Dios y abatido. Mas él herido fue por nuestras rebeliones, molido por nuestros pecados; el castigo de nuestra paz fue sobre él, y por su llaga fuimos nosotros curados" (Isaías 53:4-5).

"Sáname, oh Jehová, y seré sano; sálvame, y seré salvo; porque tú eres mi alabanza" (Jeremías 17:14).

"Y cuando llegó la noche, trajeron a él muchos endemoniados; y con la palabra echó fuera a los demonios, y sanó a todos los enfermos; para que se cumpliese lo dicho por el profeta Isaías, cuando dijo: Él mismo tomó nuestras enfermedades, y llevó nuestras dolencias" (Mateo 8:16-17).

"Sanad enfermos, limpiad leprosos, resucitad muertos, echad fuera demonios; de gracia recibisteis, dad de gracia" (Mateo 10:8).

"Sabiendo esto Jesús, se apartó de allí; y le siguió mucha gente, y sanaba a todos" (Mateo 12:15).

"Y dondequiera que entraba, en aldeas, ciudades o campos, ponían en las calles a los que estaban enfermos, y le rogaban que les dejase tocar siquiera el borde de su manto; y todos los que le tocaban quedaban sanos" (Marcos 6:56).

"Y estas señales seguirán a los que creen: En mi nombre echarán fuera demonios;. . . sobre los enfermos pondrán sus manos, y sanarán" (Marcos 16:17-18).

"Vino a Nazaret, donde se había criado; y en el día de reposo entró en la sinagoga, conforme a su costumbre, y se levantó a leer. Y se le dio el libro del profeta Isaías; y habiendo abierto el libro, halló el lugar donde estaba escrito: El Espíritu del Señor está sobre mí, por cuanto me ha ungido para dar buenas nuevas a los pobres; me ha enviado a sanar a los quebrantados de corazón; a pregonar libertad a los cautivos, y vista a los ciegos; a poner en libertad a los oprimidos; a predicar el año agradable del Señor. Y enrollando el libro, lo dio al ministro, y se sentó; y los ojos de todos en la sinagoga estaban fijos en él. Y comenzó a decirles: Hoy se ha cumplido esta Escritura delante de vosotros" (Lucas 4:16-21).

"En cualquier ciudad donde entréis,. . . sanad a los enfermos que en ella haya, y decidles: Se ha acercado a vosotros el reino de Dios. . . . Volvieron los setenta con gozo, diciendo: Señor, aun los demonios se nos sujetan en tu nombre" (Lucas 10:8-9, 17).

"El ladrón no viene sino para hurtar y matar y destruir; yo he venido para que tengan vida, y para que la tengan en abundancia" (Juan 10:10).

"De cierto, de cierto os digo: El que en mí cree, las obras que yo hago, él las hará también; y aun mayores hará, porque yo voy al Padre. Y todo lo que pidiereis al Padre en mi nombre, lo haré, para que el Padre sea glorificado en el Hijo. Si algo pidiereis en mi nombre, yo lo haré" (Juan 14:12-14).

"Dios ungió con el Espíritu Santo y con poder a Jesús de Nazaret, y . . . éste anduvo haciendo bienes y sanando a todos los oprimidos por el diablo, porque Dios estaba con él" (Hechos 10:38).

"¿Está alguno enfermo entre vosotros? Llame a los ancianos de la iglesia, y oren por él, ungiéndole con aceite en el nombre del Señor. Y la oración de fe salvará al enfermo, y el Señor lo levantará; y si hubiere cometido pecados, le serán perdonados. Confesaos vuestras ofensas unos a otros, y orad unos por otros, para que seáis sanados. La oración eficaz del justo puede mucho" (Santiago 5:14-16).

La visita

La visita del ministro debe ser breve, de acuerdo con las circunstancias y con el criterio del ministro.

En los casos en que el paciente está hospitalizado, el ministro debe averiguar en las oficinas del hospital si se puede visitar al enfermo, ya que a veces no es posible por asuntos relacionados con la enfermedad y el enfermo.

Al acercarse al cuarto y al enfermo, el ministro debe hacerlo con mucho cuidado y en silencio, con una sonrisa y con palabras tiernas y cariñosas.

El propósito primordial de la visita es estimular la fe del enfermo con la esperanza que Jesucristo trae al corazón. El ministro mantendrá siempre una actitud cordial y afectuosa hacia el enfermo.

Debe hacerle pocas preguntas; los enfermos normalmente están débiles y no resisten visitas largas. Si el enfermo desea hacer preguntas, debe permitírsele que las haga, pues eso le ayudará espiritual y físicamente.

El ministro no debe decir nada que dé una impresión negativa en cuanto a la condición física del enfermo.

Se leerá al enfermo un breve pasaje de la Palabra de Dios, en un tono de voz suave. Algunas veces le resulta muy provechoso al enfermo un himno o un coro apropiado, cantado en voz baja.

EL CULTO FÚNEBRE

Instrucciones para el ministro

Tan pronto como el ministro reciba la noticia de la muerte de uno de sus miembros, se trasladará al hogar del difunto para ofrecer su ayuda y consuelo espiritual.

El ministro averiguará con discreción los planes de la familia para el funeral y los llevará a cabo en todo lo que sea posible. Puede hacer cualquier sugerencia que le parezca pertinente, siempre y cuando la haga con sensibilidad.

Debe precisarse el lugar y la hora del funeral, y si va a realizarse en la iglesia, en el hogar o en una capilla mortuoria.

Si el ministro conoce bien a la familia, evitará a toda costa que incurran en gastos excesivos, como sucede con frecuencia cuando las emociones intensas embargan el corazón y los sentidos.

El culto fúnebre es una oportunidad digna de la mayor consideración y meditación para llegar a un público heterogéneo con el mensaje de esperanza y salvación de nuestro Señor Jesucristo. Pero debe hacerse con la sensibilidad que requiere la ocasión, y no como en una campaña evangelística.

Por lo tanto, el mensaje debe ser breve, sencillo y fácil de comprender para no perder su objetivo primordial: consolar a los dolientes y llevar a los asistentes a un momento de meditación sobre un futuro encuentro con Dios.

Para el culto en la casa o en la capilla o iglesia, el ministro llegará a la hora indicada, pero no comenzará hasta recibir la autorización de la familia. De antemano, el ministro tendrá preparado el programa del culto.

Temas y textos para mensajes

De las tinieblas a la luz

> "Buscad al que hace las Pléyades y el Orión, y vuelve las tinieblas en mañana, y hace oscurecer el día

como noche; el que llama a las aguas del mar, y las derrama sobre la faz de la tierra; Jehová es su nombre" (Amós 5:8).

Valor para vivir y fe para morir

"Así que, hermanos míos amados, estad firmes y constantes, creciendo en la obra del Señor siempre, sabiendo que vuestro trabajo en el Señor no es en vano" (1 Corintios 15:58).

Todo lo puedo en Cristo

"Todo lo puedo en Cristo que me fortalece" (Filipenses 4:13).

Anclados en la Roca

"Porque él me esconderá en su tabernáculo en el día del mal; me ocultará en lo reservado de su morada; sobre una roca me pondrá en alto" (Salmo 27:5).

La Tierra Prometida

"Enjugará Dios toda lágrima de los ojos de ellos; y ya no habrá muerte, ni habrá más llanto, ni clamor, ni dolor; porque las primeras cosas pasaron" (Apocalipsis 21:4).

¿Qué es la vida?

"No sabéis lo que será mañana. Porque ¿qué es vuestra vida? Ciertamente es neblina que se aparece por un poco de tiempo, y luego se desvanece" (Santiago 4:14).

En Él está la vida

"En él estaba la vida, y la vida era la luz de los hombres" (Juan 1:4).

El consuelo de Cristo

"Porque sabemos que si nuestra morada terrestre, este tabernáculo, se deshiciere, tenemos de Dios un edificio, una casa no hecha de manos, eterna, en los cielos. Y por esto también gemimos, deseando ser revestidos de aquella nuestra habitación celestial; pues así seremos hallados vestidos, y no desnudos. Porque asimismo los que estamos en este tabernáculo gemimos con angustia; porque no quisiéramos ser desnudados, sino revestidos, para que lo mortal sea absorbido por la vida. Mas el que nos hizo para esto mismo es Dios, quien nos ha dado las arras del Espíritu. Así que vivimos confiados siempre, y sabiendo que entre tanto que estamos en el cuerpo, estamos ausentes del Señor (porque por fe andamos, no por vista); pero confiamos, y más quisiéramos estar ausentes del cuerpo, y presentes al Señor" (2 Corintios 5:1-8).

Vida en abundancia

"El ladrón no viene sino para hurtar y matar y destruir; yo he venido para que tengan vida, y para que la tengan en abundancia" (Juan 10:10).

El último enemigo

"Y el postrer enemigo que será destruido es la muerte" (1 Corintios 15:26).

El cielo es mucho mejor

"Porque de ambas cosas estoy puesto en estrecho, teniendo deseo de partir y estar con Cristo, lo cual es muchísimo mejor" (Filipenses 1:23).

La casa de mi Padre

"En la casa de mi Padre muchas moradas hay; si así no fuera, yo os lo hubiera dicho; voy, pues, a preparar lugar para vosotros" (Juan 14:2).

Los muertos bienaventurados

"Oí una voz que desde el cielo me decía: Escribe: Bienaventurados de aquí en adelante los muertos que mueren en el Señor. Sí, dice el Espíritu, descansarán de sus trabajos, porque sus obras con ellos siguen" (Apocalipsis 14:13).

La despedida de Pablo

"He peleado la buena batalla, he acabado la carrera, he guardado la fe. Por lo demás, me está guardada la corona de justicia, la cual me dará el Señor, juez justo, en aquel día; y no sólo a mí, sino también a todos los que aman su venida" (2 Timoteo 4:7-8).

Cuándo es estimada la muerte

"Estimada es a los ojos de Jehová la muerte de sus santos." (Salmo 116:15).

Lecturas bíblicas

Para un niño

"En aquel tiempo los discípulos vinieron a Jesús, diciendo: ¿Quién es el mayor en el reino de los cielos? Y llamando Jesús a un niño, lo puso en medio de ellos, y dijo: De cierto os digo, que si no os volvéis y os hacéis como niños, no entraréis en el reino de los cielos. Así que, cualquiera que se humille como este niño, ése es el mayor en el reino de los cielos. Y cualquiera que reciba en mi nombre a un niño como este, a mí me recibe. Y cualquiera que haga tropezar a alguno de estos pequeños que creen en mí, mejor le fuera que se le colgase al cuello una piedra de molino de asno, y que se le hundiese en lo profundo del mar.... Mirad que no menospreciéis a uno de estos pequeños; porque os digo que sus ángeles en los cielos ven siempre el rostro de mi Padre que está en los cielos. Porque el Hijo del Hombre ha venido para salvar lo que se había perdido. ¿Qué os parece? Si un hombre tiene cien ovejas, y se descarría una de ellas, ¿no deja las noventa y nueve y va por los montes a buscar la que se había descarriado? Y si acontece que la encuentra, de cierto os digo que se regocija más por aquélla, que por las noventa y nueve que no se descarriaron. Así, no es la voluntad de vuestro Padre que está en los cielos, que se pierda uno de estos pequeños" (Mateo 18:1-6, 10-14).

"Traían a él los niños para que los tocase; lo cual viendo los discípulos, les reprendieron. Mas Jesús, llamándolos, dijo: Dejad a los niños venir a mí, y no se lo impidáis; porque de los tales es el reino de Dios" (Lucas 18:15-16).

"Aguarda a Jehová; esfuérzate, y aliéntese tu corazón; sí, espera a Jehová" (Salmo 27:14).

"Jehová es bueno, fortaleza en el día de la angustia; y conoce a los que en él confían" (Nahúm 1:7).

"Como el padre se compadece de los hijos, se compadece Jehová de los que le temen. Porque él conoce nuestra condición; se acuerda de que somos polvo" (Salmo 103:13-14).

Consuelo divino

"Bienaventurados los que lloran, porque ellos recibirán consolación" (Mateo 5:4).

"Consolaos, consolaos, pueblo mío, dice vuestro Dios" (Isaías 40:1).

"El Espíritu de Jehová el Señor está sobre mí, porque me ungió Jehová; me ha enviado a predicar buenas nuevas a los abatidos, a vendar a los quebrantados de corazón, a publicar libertad a los cautivos, y a los presos apertura de la cárcel; a proclamar el año de la buena voluntad de Jehová, y el día de venganza del Dios nuestro; a consolar a todos los enlutados; a ordenar que a los afligidos de Sion se les dé gloria en lugar de ceniza, óleo de gozo en lugar de luto, manto de alegría en lugar del espíritu angustiado; y serán llamados árboles de justicia, plantío de Jehová, para gloria suya" (Isaías 61:1-3).

"No temas, porque yo estoy contigo; no desmayes,

porque yo soy tu Dios que te esfuerzo; siempre te ayudaré, siempre te sustentaré con la diestra de mi justicia" (Isaías 41:10).

"También vosotros ahora tenéis tristeza; pero os volveré a ver, y se gozará vuestro corazón, y nadie os quitará vuestro gozo" (Juan 16:22).

"La paz os dejo, mi paz os doy; yo no os la doy como el mundo la da. No se turbe vuestro corazón, ni tenga miedo" (Juan 14:27).

"Yo soy la resurrección y la vida; el que cree en mí, aunque esté muerto, vivirá. Y todo aquel que vive y cree en mí, no morirá eternamente" (Juan 11:25-26).

"Bendito sea el Dios y Padre de nuestro Señor Jesucristo, Padre de misericordias y Dios de toda consolación, el cual nos consuela en todas nuestras tribulaciones, para que podamos también nosotros consolar a los que están en cualquier tribulación, por medio de la consolación con que nosotros somos consolados por Dios" (2 Corintios 1:3-4).

La soberanía de Dios

"Estad quietos, y conoced que yo soy Dios; seré exaltado entre las naciones; enaltecido seré en la tierra" (Salmo 46:10).

"Todos los habitantes de la tierra son considerados como nada; y él hace según su voluntad en el ejército del cielo, y en los habitantes de la tierra, y no hay quien detenga su mano y le diga: ¿Qué haces?" (Daniel 4:35).

"¿Quién enseñó al Espíritu de Jehová, o le aconsejó enseñándole? ¿A quién pidió consejo para ser avisado? ¿Quién le enseñó el camino del juicio, o le enseñó ciencia, o le mostró la senda de la prudencia? He aquí que las naciones le son como la gota de agua que cae del cubo, y como menudo polvo en las balanzas le son estimadas; he aquí que hace desaparecer las islas como polvo. . . . ¿A qué, pues, haréis semejante a

Dios, o qué imagen le compondréis? . . . Él está sentado sobre el círculo de la tierra, cuyos moradores son como langostas; él extiende los cielos como una cortina, los despliega como una tienda para morar" (Isaías 40:13-15,18,22).

"En su mano está el alma de todo viviente, y el hálito de todo el género humano" (Job 12:10).

"¡Oh profundidad de las riquezas de la sabiduría y de la ciencia de Dios! ¡Cuán insondables son sus juicios, e inescrutables sus caminos! Porque ¿quién entendió la mente del Señor? ¿O quién fue su consejero? ¿O quién le dio a él primero, para que le fuese recompensado? Porque de él, y por él, y para él, son todas las cosas. A él sea la gloria por los siglos" (Romanos 11:33-36).

"En el temor de Jehová está la fuerte confianza; y esperanza tendrán sus hijos" (Proverbios 14:26).

"¿No has sabido, no has oído que el Dios eterno es Jehová, el cual creó los confines de la tierra? No desfallece, ni se fatiga con cansancio, y su entendimiento no hay quien lo alcance. Él da esfuerzo al cansado, y multiplica las fuerzas al que no tiene ningunas. Los muchachos se fatigan y se cansan, los jóvenes flaquean y caen; pero los que esperan a Jehová tendrán nuevas fuerzas; levantarán alas como las águilas; correrán, y no se cansarán; caminarán, y no se fatigarán" (Isaías 40:28-31).

La brevedad de la vida

"Señor, tú nos has sido refugio de generación en generación. Antes que naciesen los montes y formases la tierra y el mundo, desde el siglo y hasta el siglo, tú eres Dios. Vuelves al hombre hasta ser quebrantado, y dices: Convertíos, hijos de los hombres. Porque mil años delante de tus ojos son como el día de ayer, que pasó, y como una de las vigilias de la noche. Los arrebatas como con torrente de aguas; son como sueño, como la hierba que crece en la mañana. En la mañana florece y crece; a la tarde es cortada, y se seca. Porque con tu furor somos consumidos, y con tu ira somos turbados. Pusiste nuestras maldades delante de ti, nuestros yerros a la luz de tu rostro. Porque todos nuestros días declinan a causa de tu ira; acabamos nuestros años como un pensamiento. Los días de nuestra edad son setenta años; y si en los más robustos son ochenta años, con todo, su fortaleza es molestia y trabajo, porque pronto pasan, y volamos. ¿Quién conoce el poder de tu ira, y tu indignación según que debes ser temido? Enséñanos de tal modo a contar nuestros días, que traigamos al corazón sabiduría. Vuélvete, oh Jehová; ¿hasta cuándo? Y aplácate para con tus siervos. De mañana sácianos de tu misericordia, y cantaremos y nos alegraremos todos nuestros días. Alégranos conforme a los días que nos afligiste, y los años en que vimos el mal. Aparezca en tus siervos tu obra, y tu gloria sobre sus hijos. Sea la luz de Jehová nuestro Dios sobre nosotros, y la obra de nuestras manos confirma sobre nosotros; sí, la obra de nuestras manos confirma" (Salmo 90).

"El hombre nacido de mujer, corto de días, y hastiado de sinsabores, sale como una flor y es cortado, y huye como la sombra y no permanece" (Job 14:1-2).

"El hombre, como la hierba son sus días; florece como la flor del campo, que pasó el viento por ella, y pereció, y su lugar no la conocerá más" (Salmo 103;15-16).

"Pues nosotros somos de ayer, y nada sabemos, siendo nuestros días sobre la tierra como sombra" (Job 8:9).

"Mis días han sido más ligeros que un correo; huyeron, y no vieron el bien. Pasaron cual naves veloces; como el águila que se arroja sobre la presa" (Job 9:25-26).

"Oh Jehová, ¿qué es el hombre, para que en él pienses, o el hijo de hombre, para que lo estimes? El hombre es semejante a la vanidad; sus días son como la sombra que pasa" (Salmo 144:3-4).

"¡Vamos ahora! los que decís: Hoy y mañana iremos a tal ciudad, y estaremos allá un año, y traficaremos, y ganaremos; cuando no sabéis lo que será mañana. Porque ¿qué es vuestra vida? Ciertamente es neblina que se aparece por un poco de tiempo, y luego se desvanece. En lugar de lo cual deberíais decir: Si el Señor quiere, viviremos y haremos esto o aquello" (Santiago 4:13-15).

"No hay hombre que tenga potestad sobre el espíritu para retener el espíritu, ni potestad sobre el día de la muerte; y no valen armas en tal guerra, ni la impiedad librará al que la posee" (Eclesiastés 8:8).

Recompensas en el cielo

"Oí una voz que desde el cielo me decía: Escribe: Bienaventurados de aquí en adelante los muertos que mueren en el Señor. Sí, dice el Espíritu, descansarán de sus trabajos, porque sus obras con ellos siguen" (Apocalipsis 14:13).

"Y llegando el que había recibido cinco talentos, trajo otros cinco talentos, diciendo: Señor, cinco talentos me entregaste; aquí tienes, he ganado otros cinco talentos sobre ellos. Y su señor le dijo: Bien, buen siervo y fiel; sobre poco has sido fiel, sobre mucho te pondré; entra en el gozo de tu señor. Llegando también el que había recibido dos talentos, dijo: Señor, dos talentos me entregaste; aquí tienes, he ganado otros dos talentos sobre ellos. Su señor le dijo: Bien, buen siervo y fiel; sobre poco has sido fiel, sobre mucho te pondré; entra en el gozo de tu señor" (Mateo 25:20-23).

"Y oí una gran voz del cielo que decía: He aquí el tabernáculo de Dios con los hombres, y él morará con ellos; y ellos serán su pueblo, y Dios mismo estará con ellos como su Dios. Enjugará Dios toda lágrima de los ojos de ellos; y ya no habrá muerte, ni habrá más llanto, ni clamor, ni dolor; porque las primeras cosas pasaron. Y el que estaba sentado en el trono dijo: He aquí, yo hago nuevas todas las cosas. Y me dijo: Escribe; porque estas palabras son fieles y verdaderas. Y me dijo: Hecho está. Yo soy el Alfa y la Omega, el principio y el fin. Al que tuviere sed, yo le daré gratuitamente de la fuente del agua de la vida. El que venciere heredará todas las cosas, y yo seré su Dios, y él será mi hijo" (Apocalipsis 21:3-7).

"Verán su rostro, y su nombre estará en sus frentes. No habrá allí más noche; y no tienen necesidad de luz de lámpara, ni de luz del sol, porque Dios el Señor los iluminará; y reinarán por los siglos de los siglos" (Apocalipsis 22:4-5).

Confianza

"Dios es nuestro amparo y fortaleza, nuestro pronto auxilio en las tribulaciones. Por tanto, no temeremos, aunque la tierra sea removida, y se traspasen los montes al corazón del mar; aunque bramen y se turben sus aguas, y tiemblen los montes a causa de su braveza" (Salmo 46:1-3).

"El que habita al abrigo del Altísimo morará bajo la sombra del Omnipotente. Diré yo a Jehová: Esperanza mía, y castillo mío; mi Dios, en quien confiaré. Él te librará del lazo del cazador, de la peste destructora. Con sus plumas te cubrirá, y debajo de sus alas estarás seguro; escudo y adarga es su verdad. No temerás el terror nocturno, ni saeta que vuele de día, ni pestilencia que ande en oscuridad, ni mortandad que en medio del día destruya. Caerán a tu lado mil, y diez mil a tu diestra; mas a ti no llegará. Ciertamente con tus ojos mirarás y verás la recompensa de los impíos. Porque has puesto a Jehová, que es mi esperanza, al Altísimo por tu habitación" (Salmo 91:1-9).

"Por lo cual asimismo padezco esto; pero no me avergüenzo, porque yo sé a quién he creído, y estoy seguro que es poderoso para guardar mi depósito para aquel día" (2 Timoteo 1:12).

"Jehová es mi pastor; nada me faltará. En lugares de delicados pastos me hará descansar; junto a aguas de reposo me pastoreará. Confortará mi alma; me guiará por sendas de justicia por amor de su nombre. Aunque ande en valle de sombra de muerte, no temeré mal alguno, porque tú estarás conmigo; tu vara y tu cayado me infundirán aliento. Aderezas mesa delante de mí en presencia de mis angustiadores; unges mi cabeza con aceite; mi copa está rebosando. Ciertamente el bien y la misericordia me seguirán todos los días de mi vida, y en la casa de Jehová moraré por largos días" (Salmo 23).

"Si anduviere yo en medio de la angustia, tú me vivificarás; contra la ira de mis enemigos extenderás tu mano, y me salvará tu diestra" (Salmo 138:7).

"Yo sé que mi Redentor vive, y al fin se levantará sobre el polvo; y después de deshecha esta mi piel, en mi carne he de ver a Dios" (Job 19:25-26).

"Porque sabemos que si nuestra morada terrestre, este tabernáculo, se deshiciere, tenemos de Dios un edificio, una casa no hecha de manos, eterna, en los cielos. . . . Así que vivimos confiados siempre, y sabiendo que entre tanto que estamos en el cuerpo, estamos ausentes del Señor (porque por fe andamos, no por vista); pero confiamos, y más quisiéramos estar ausentes del cuerpo, y presentes al Señor" (2 Corintios 5:1, 6-8).

Resurrección

"Porque Cristo para esto murió y resucitó, y volvió a vivir, para ser Señor así de los muertos como de los que viven" (Romanos 14:9).

"Jesús le dijo: Tu hermano resucitará. Marta le dijo: Yo sé que resucitará en la resurrección, en el día postrero. Le dijo Jesús: Yo soy la resurrección y la vida; el que cree en mí, aunque esté muerto, vivirá. Y todo aquel que vive y cree en mí, no morirá eternamente" (Juan 11:23-26).

"Y esta es la voluntad del que me ha enviado: Que todo aquel que ve al Hijo, y cree en él, tenga vida eterna; y yo le resucitaré en el día postrero" (Juan 6:40).

"¡Qué! ¿Se juzga entre vosotros cosa increíble que Dios resucite a los muertos?" (Hechos 26:8).

"Mas nuestra ciudadanía está en los cielos, de donde también esperamos al Salvador, al Señor Jesucristo; el cual transformará el cuerpo de la humillación nuestra, para que sea semejante al cuerpo de la gloria suya, por el poder con el cual puede también sujetar a sí mismo todas las cosas" (Filipenses 3:20-21).

"Tampoco queremos, hermanos, que ignoréis acerca de los que duermen, para que no os entristezcáis como los otros que no tienen esperanza. Porque si creemos que Jesús murió y resucitó, así también traerá Dios con Jesús a los que durmieron en él. Por lo cual os decimos esto en palabra del Señor: que nosotros que vivimos, que habremos quedado hasta la venida del Señor, no precederemos a los que durmieron. Porque el Señor mismo con voz de mando, con voz de arcángel, y con trompeta de Dios, descenderá del cielo; y los muertos en Cristo resucitarán primero. Luego nosotros los que vivimos, los que hayamos quedado, seremos arrebatados juntamente con ellos en las nubes para recibir al Señor en el aire, y así estaremos siempre con el Señor. Por tanto, alentaos los unos a los otros con estas palabras" (1 Tesalonicenses 4:13-18).

"Y vi tronos, y se sentaron sobre ellos los que recibieron facultad de juzgar; y vi las almas de los decapitados por causa del testimonio de Jesús y por la palabra de Dios, los que no habían adorado a la bestia ni a su imagen, y que no recibieron la marca en sus frentes ni en sus manos; y vivieron y reinaron con

Cristo mil años. Pero los otros muertos no volvieron a vivir hasta que se cumplieron mil años. Esta es la primera resurrección. Bienaventurado y santo el que tiene parte en la primera resurrección; la segunda muerte no tiene potestad sobre éstos, sino que serán sacerdotes de Dios y de Cristo, y reinarán con él mil años" (Apocalipsis 20:4-6).

CEREMONIA 1

En la casa o en el templo

Preludio musical

Se tocará música solemne.

Desfile del ministro y el féretro al altar

Si el culto se celebra en la iglesia, el ministro debe salir a recibir el féretro en la puerta del templo o esperarlo de pie frente al púlpito.

Después de recibirlo en la puerta, marchará delante del féretro hasta el púlpito. Se colocará el féretro frente al púlpito.

Oración

El ministro, reconociendo la soberanía de Dios, le pedirá que bendiga el culto que se celebra en memoria del difunto.

Lectura de un pasaje bíblico de adoración

Himno o coro congregacional

Lectura bíblica

Se podrá leer de uno de los pasajes, o de una selección de varios de los pasajes bíblicos que aparecen en las páginas anteriores.

Oración

El ministro recordará nuestra esperanza de gloria, y dará gracias a Dios por la vida ejemplar del difunto. Le pedirá al Señor que consuele a los familiares, recordando los motivos de su angustia y tristeza.

Música especial

Cantará un solista o un grupo musical.

Homenaje póstumo

El ministro o un familiar o amigo del difunto hablará algunos minutos en memoria de él (ella).

El padrenuestro

Mensaje

De acuerdo con la ocasión, podrá seleccionarse de la sección titulada *Temas y textos para mensajes*.

Himno

Se podrá cantar un himno favorito del difunto.

Bendición pastoral

"¡Oh profundidad de las riquezas de la sabiduría y de la ciencia de Dios! ¡Cuán insondables son sus juicios, e inescrutables sus caminos! Porque ¿quién entendió la mente del Señor? ¿O quién fue su consejero? ¿O quién le dio a él primero, para que le fuese recompensado? Porque de él, y por él, y para él, son todas las cosas. A él sea la gloria por los siglos. Amén."

Desfile ante el féretro

En el cementerio

Es costumbre en muchas iglesias evangélicas que el ministro acompañe a los dolientes al cementerio. Cuando se termina el primer culto fúnebre, el ministro despedirá a los presentes sin pronunciar la bendición pastoral, y se dirigirá al cementerio donde habrá otro culto breve.

Al llegar al cementerio, el ministro irá delante de los que llevan el féretro, detrás del cual irán los familiares y amigos. Llegados al sepulcro, bajarán el féretro. Antes de cubrirlo, se realizará el culto siguiente:

Oración

Se invocarán el amor y la providencia divinos con la esperanza eterna que nos ofrece Dios.

Lectura bíblica

El ministro procederá a leer los siguientes pasajes:

"El hombre nacido de mujer, corto de días, y hastiado de sinsabores, sale como una flor y es cortado, y huye como la sombra y no permanece" (Job 14:1-2).

"Desnudo salí del vientre de mi madre, y desnudo volveré allá. Jehová dio, y Jehová quitó; sea el nombre de Jehová bendito" (Job 1:21).

"Y el polvo vuelva a la tierra, como era, y el espíritu vuelva a Dios que lo dio" (Eclesiastés 12:7).

Entrega del cuerpo a la tierra

El ministro echará un puñado de tierra (una sola vez) sobre el féretro, mientras pronuncia las siguientes palabras:

"Por cuanto le plugo a Dios Todopoderoso en su sabia providencia, separar de este mundo el alma de este hombre (mujer o niño según el caso), por tanto nosotros encomendamos su cuerpo a la tierra: tierra a la tierra; ceniza a la ceniza; polvo al polvo, con la esperanza y la certeza de la resurrección a la vida eterna de todos los que durmieron en Cristo."

Lectura bíblica adicional (opcional)

"No os maravilléis de esto; porque vendrá hora cuando todos los que están en los sepulcros oirán su voz; y los que hicieron lo bueno, saldrán a resurrección de vida; mas los que hicieron lo malo, a resurrección de condenación" (Juan 5:28-29).

"Mas ahora Cristo ha resucitado de los muertos; primicias de los que durmieron es hecho" (1 Corintios 15:20).

"Así también es la resurrección de los muertos. Se siembra en corrupción, resucitará en incorrupción. Se siembra en deshonra, resucitará en gloria; se siembra en debilidad, resucitará en poder. Se siembra cuerpo animal, resucitará cuerpo espiritual" (1 Corintios 15:42-44).

"Porque es necesario que esto corruptible se vista de incorrupción, y esto mortal se vista de inmortalidad. Y cuando esto corruptible se haya vestido de incorrupción, y esto mortal se haya vestido de inmortalidad, entonces se cumplirá la palabra que está escrita: Sorbida es la muerte en victoria. ¿Dónde está, oh muerte, tu aguijón? ¿Dónde, oh sepulcro, tu victoria?" (1 Corintios 15:53-55).

Oración

"Nuestro Padre celestial, que de acuerdo con tu misericordia e infinita sabiduría has dado fin a los días de tu siervo que ha muerto, concédenos el amparo de tu misericordia infinita para proseguir nuestra peregrinación terrenal y vencer los sufrimientos, tentaciones y peligros que nos esperan, para al fin llegar al puerto seguro de salud eterna por medio de Jesucristo, Señor nuestro. Amén."

Bendición pastoral

"Que la gracia, la misericordia y la paz de nuestro Señor Jesucristo sean con ustedes ahora y para siempre. Amén."

CEREMONIA 2

En la casa o en el templo

Pasajes bíblicos

El ministro se situará al lado del féretro y leerá los siguientes pasajes:

"Yo soy la resurrección y la vida; el que cree en mí, aunque esté muerto, vivirá. Y todo aquel que vive y cree en mí, no morirá eternamente" (Juan 11:25-26).

"No se turbe vuestro corazón; creéis en Dios, creed también en mí. En la casa de mi Padre muchas moradas hay; si así no fuera, yo os lo hubiera dicho; voy, pues, a preparar lugar para vosotros" (Juan 14:1-2).

"Yo sé que mi Redentor vive, y al fin se levantará sobre el polvo; y después de deshecha esta mi piel, en mi carne he de ver a Dios" (Job 19:25-26).

"Porque así como en Adán todos mueren, también en Cristo todos serán vivificados. Pero cada uno en su debido orden: Cristo, las primicias; luego los que son de Cristo, en su venida. . . . Y el postrer enemigo que será destruido es la muerte" (1 Corintios 15:22-23,26).

Oración

El padrenuestro

Himno

Datos sobre el difunto y su familia

El ministro hará un breve recuento de la vida del difunto. Hablará del lugar de nacimiento, de dónde vivió, de su familia y sus hijos, de su trabajo y de sus amistades en la iglesia, así como de su devoción a Dios. Se deben tener por escrito todos los datos confirmados por la familia.

Mensaje

Si el difunto era creyente en Cristo, el ministro preparará un mensaje de aliento basado en la esperanza del que muere en Cristo. No se debe hablar de los

defectos del difunto ni tampoco exagerar sus virtudes. Salmo 103:13-17, Filipenses 1:23 y Salmo 27:5 ofrecen un marco apropiado para el mensaje.

Si el difunto no era creyente, podrá decirse lo siguiente:

"Por cuanto ha cesado su existencia terrenal, encomendamos su cuerpo a la tierra: tierra a la tierra, ceniza a la ceniza, polvo al polvo. El espíritu lo dejamos a Dios. Este es el fin de una vida. En el sepulcro no hay obras, ni conocimiento, ni sabiduría, y a él todos iremos tarde o temprano.

"Por lo tanto, consagrémonos hoy mismo a meditar sobre lo eterno, y procedamos a realizar el máximo esfuerzo en aquello que Dios ha puesto en nuestras manos.

"Confiemos en aquel que dijo: 'Yo soy la resurrección y la vida; el que cree en mí, aunque esté muerto, vivirá. Y todo aquel que vive y cree en mí, no morirá eternamente.' "

Bendición pastoral

"Que Dios les bendiga, y consuele su corazón atribulado por una pérdida tan grande. Que Dios haga resplandecer su rostro sobre ustedes, y su gracia sea sobre ustedes. Que el Señor alce sobre ustedes su rostro, y ponga en ustedes paz. Y que la gracia del Señor Jesucristo, el amor de Dios y la comunión del Espíritu Santo sea con todos ustedes. Amén."

En el cementerio

Entrega del cuerpo a la tierra

Puesto el féretro sobre la abertura del sepulcro, el ministro esparcirá sobre el féretro un puñado de tierra o de pétalos mientras dice:

"Por cuanto plugo a Dios Todopoderoso en su infinita providencia separar de este mundo el alma de nuestro(a) finado(a) hermano(a), encomendamos su cuerpo a la tierra: tierra a la tierra, ceniza a la ceniza, esperando la resurrección universal del último día, cuando la Iglesia de Cristo sea arrebatada y los muertos en Cristo resuciten primero, en la segunda venida del Señor, lleno de poder y majestad. La tierra y el mar entregarán sus muertos, y los cuerpos corruptibles de los que durmieron en Él serán transformados y hechos semejantes a su glorioso cuerpo, conforme a la poderosa obra por la cual puede sujetar a sí todas las cosas."

Bendición pastoral

"Bienaventurados los muertos que de aquí en adelante mueren en el Señor. Sí, dice el Espíritu, que descansarán de sus trabajos.

"La gracia del Señor Jesucristo, el amor de Dios y la comunión del Espíritu Santo sean con todos ustedes, y con todo su pueblo. Amén."

CEREMONIA 3

Se ha preparado esta ceremonia para los casos en que hay un solo culto fúnebre programado, ya sea en la casa, la iglesia, la capilla o el cementerio. El mensaje que se ha incluido como modelo da por sentado que el difunto era creyente en Cristo.

Lectura bíblica

Se podrá leer de uno de los pasajes, o de una selección de varios de los pasajes que aparecen en la sección de lecturas bíblicas.

Oración

El ministro reconocerá la soberanía de Dios y le pedirá su bendición sobre el culto que se celebra en memoria del difunto.

Datos sobre el difunto y su familia

El ministro dará a conocer el lugar de nacimiento, los lugares donde vivió, y los familiares del difunto. Estos y otros datos que se consideren pertinentes deberán ser confirmados de antemano por la familia.

Lectura bíblica

El ministro leerá un salmo o el pasaje bíblico favorito del difunto (*por ejemplo, el Salmo 23*).

Oración

El ministro le dará gracias a Dios por el aliento y consuelo que nos imparte su Palabra, y le pedirá que ésta surta ese efecto en la vida de los seres más queridos del difunto.

Música especial

Cantará un solista o un grupo musical.

Homenaje póstumo

Uno de los miembros de la familia que mejor conocía al difunto hablará algunos minutos sobre las virtudes más sobresalientes de éste, las cuales han quedado grabadas en la memoria de quienes lo consideraban amigo suyo.

Mensaje

El ministro escogerá de las Sagradas Escrituras un tema que aliente y consuele a los presentes a la vez que los haga reflexionar sobre la vida y la muerte.

El siguiente mensaje, que se ha incluido como modelo, resalta una de las virtudes que caracterizaban al difunto:

"Nuestro amigo . . . duerme"

(Juan 11:11)

Esta expresión bíblica es mucho más que un eufemismo. Es una realidad. No es sólo una manera de suavizar la dura realidad de la muerte. Es una verdad que se encuentra en la Biblia tanto en el Antiguo como en el Nuevo Testamento.

¿Por qué se refirió Cristo a la muerte como "sueño"? Porque sabía que era cierto lo que dijo el salmista en el Salmo 127:2 de que "a su amado dará Dios el sueño".

Al referirnos a ____________ (*nombre del difunto*) como **amigo**, logramos abarcar a todos los presentes, porque era amigo íntimo de su esposa, sus suegros, sus hijos y sus nietos, como también amigo de todos los que le dimos la oportunidad de serlo. Era un amigo en el sentido más recto de la palabra, como lo expresa Proverbios 17:17, "en todo tiempo ama el amigo". Así era ____________ (*nombre del difunto*): Amaba a todo el mundo todo el tiempo.

(*Aquí se contarán anécdotas que ilustren que el difunto era un amigo ejemplar.*)

¿Qué significa para ____________ (*nombre del difunto*) el estar dormido?

1. Significa ver a Dios

En Hechos 7:56-60, Esteban, antes de **dormirse**, vio el cielo abierto y al Hijo del Hombre a la diestra de Dios el Padre. Así también ____________ (*nombre del difunto*) verá a Dios, pues en Mateo 5:8 Jesús dijo: "Bienaventurados los de limpio corazón, porque ellos verán a

Dios." ____________ (*nombre del difunto*) **durmió** en paz con Dios. No hay sueño más agradable que éste.

2. Significa reunirse con amigos que lo antecedieron

En Hechos 13:36 San Pablo dice que "David, habiendo servido a su propia generación según la voluntad de Dios, durmió, y fue reunido con sus padres". ____________ (*nombre del difunto*) ya ha tenido oportunidad de reunirse con familiares y amigos que lo antecedieron.

3. Significa esperar reunirse con sus amigos en el futuro

En su primera carta a los tesalonicenses, capítulo 4, versículos 14 al 18, San Pablo nos da estas palabras de suprema esperanza y de incomparable aliento: "Porque si creemos que Jesús murió y resucitó, así también traerá Dios con Jesús a los que **durmieron** en él. Por lo cual os decimos esto en palabra del Señor: que nosotros que vivimos, que habremos quedado hasta la venida del Señor, no precederemos a los que **durmieron**. Porque el Señor mismo con voz de mando, con voz de arcángel, y con trompeta de Dios, descenderá del cielo; y los muertos en Cristo resucitarán primero. Luego nosotros los que vivimos, los que hayamos quedado, seremos arrebatados juntamente con ellos en las nubes para recibir al Señor en el aire, y así estaremos siempre con el Señor. Por tanto, alentaos los unos a los otros con estas palabras."

Esto nos servirá de consuelo y de aliento siempre y cuando tengamos la seguridad de volver a vernos con ____________ (*nombre del difunto*) en el cielo, pero depende de nosotros. Si nos preparamos debidamente, nos veremos con él (ella) un día seguramente no muy lejano.

Así que, al pensar en nuestro(a) amigo(a) ____________ (*nombre del difunto*), recordemos que

se ha dormido, y que eso implica que ha podido despertarse para vivir por toda la eternidad, de manera que ahora no falta sino que próximamente nos reunamos con él (ella) para morar juntos "en la casa del Señor por largos días".

Himno congregacional

Se cantará un himno solemne (por ejemplo, *Allí no habrá tribulación*, *Dulce consuelo* o *Cara a Cara*), o un himno favorito del difunto que se preste para la ocasión (por ejemplo, *Cuando allá se pase lista*).

Entrega del cuerpo a la tierra

El ministro dirá:

"Estamos reunidos para rememorar lo que es eternamente sagrado por ser don de Dios. Nos sostiene una fe más poderosa que la muerte, y la esperanza de una vida que se extiende más allá de este lugar por toda la eternidad. En esa confianza nos hemos reunido para encomendar todo lo mortal de nuestro amigo a este lugar de descanso, rodeados de la naturaleza maravillosa que Dios creó, y sin embargo conscientes de que tenemos un lugar de descanso no hecho por manos humanas sino por el Dios eterno."

Bendición pastoral

"Al que puede hacer muchísimo más que todo lo que pedimos o imaginamos, según su poder que actúa en nosotros, ¡a él sea la gloria en la iglesia y en Cristo Jesús por todas las generaciones, por los siglos de los siglos! Amén."

DEDICACIÓN DEL TEMPLO

A la ceremonia de dedicación del templo debe invitarse a los miembros del presbiterio o cuerpo ejecutivo que puedan asistir junto con otros líderes de la organización o ejecutivos de la misión, quienes tomarán asiento en la plataforma con el ministro.

El programa general podrá incluir himnos y coros apropiados, cantos especiales, la lectura de uno de los pasajes bíblicos que aparecen a continuación y, de ser posible, la presentación del constructor del templo. También se pueden hacer anuncios respecto a la obra de construcción y donativos para ésta.

La parte principal de la ceremonia normalmente consta de un mensaje por un líder de la organización o un ejecutivo de la misión, o alguna otra persona escogida con ese fin. Después del mensaje se celebra la ceremonia de dedicación.

Pasajes bíblicos

"Cuando sonaban, pues, las trompetas, y cantaban todos a una, para alabar y dar gracias a Jehová, y a medida que alzaban la voz con trompetas y címbalos y otros instrumentos de música, y alababan a Jehová, diciendo: Porque él es bueno, porque su misericordia es para siempre; entonces la casa se llenó de una nube, la casa de Jehová. Y no podían los sacerdotes estar allí para ministrar, por causa de la nube; porque la gloria de Jehová había llenado la casa de Dios" (2 Crónicas 5:13-14).

"Cantad alegres a Dios, habitantes de toda la tierra. Servid a Jehová con alegría; venid ante su presencia con regocijo. Reconoced que Jehová es Dios; él nos hizo, y no nosotros a nosotros mismos; pueblo suyo somos, y ovejas de su prado. Entrad por sus puertas con acción de gracias, por sus atrios con alabanza;

alabadle, bendecid su nombre. Porque Jehová es bueno; para siempre es su misericordia, y su verdad por todas las generaciones" (Salmo 100:1-5).

"Yo me alegré con los que me decían: A la casa de Jehová iremos. Nuestros pies estuvieron dentro de tus puertas, oh Jerusalén. Jerusalén, que se ha edificado como una ciudad que está bien unida entre sí. Y allá subieron las tribus, las tribus de JAH, conforme al testimonio dado a Israel, para alabar el nombre de Jehová. Porque allá están las sillas del juicio, los tronos de la casa de David. Pedid por la paz de Jerusalén; sean prosperados los que te aman. Sea la paz dentro de tus muros, y el descanso dentro de tus palacios. Por amor de mis hermanos y mis compañeros diré yo: La paz sea contigo. Por amor a la casa de Jehová nuestro Dios buscaré tu bien" (Salmo 122:1-9).

Ceremonia de dedicación

Dirigiéndose a la congregación, el ministro dirá:

"Gracias a la prosperidad con que nos ha bendecido el Señor, y habiendo completado la construcción de esta casa de adoración mediante su gracia y su poder, estamos hoy congregados ante su santa presencia para dedicarle este templo, a fin de usarlo para la gloria de su nombre.

"En este templo se elevará a Dios el incienso de la alabanza, y se observarán las ordenanzas sagradas de la casa del Señor. Aquí brillará la antorcha divina de la Palabra, para guía de los peregrinos a través de la noche de la vida, hasta alcanzar la luz eterna del hogar celestial.

"Este templo ofrecerá refugio a los pecadores y a los afligidos, protegiéndolos de la ruina y la desesperación. Los creyentes encontrarán aquí un puerto seguro donde acudir cuando azote el vendaval.

"Rogamos al Altísimo que ninguna nota discordante de disputa o contienda se oiga en este lugar sagrado;

que ningún espíritu de orgullo y mundanalidad encuentre albergue dentro de estas paredes.

"Es nuestro deseo que Dios acepte la ofrenda de este templo como la expresión sincera de corazones agradecidos y manos dispuestas, y que derrame sus ricas bendiciones sobre todos los que participamos en esta dedicación.

"En este empeño debemos consagrarnos hoy mismo; para este fin dedicamos hoy este templo a Dios. Y ahora, de acuerdo con el propósito para el cual ustedes han venido, deben responder al siguiente pacto."

Ministro: "Dedicamos este templo a Aquel de quien procede toda buena dádiva y todo don perfecto, Dios nuestro Padre, para el honor de Jesucristo su hijo, nuestro Señor y Salvador, y para alabanza del Espíritu Santo, el Consolador, fuente de luz y vida.

Congregación: "Dedicamos este templo a Dios el Padre, Dios el Hijo y Dios el Espíritu Santo."

Ministro: "Dedicamos este templo a la predicación del evangelio para que los pecadores se arrepientan y para que los creyentes sean edificados en el conocimiento espiritual de la verdad y en todas las esferas de la vida en Cristo."

Congregación: "Dedicamos este templo a la predicación del evangelio."

Ministro: "Para la adoración de Dios con cantos y oraciones, para el ministerio de la Palabra, y para el santo cumplimiento de las ordenanzas, dedicamos esta casa de oración.

Congregación: "Dedicamos esta casa de oración para la gloria de Dios."

Ministro: "Para las almas de las regiones más remotas y de los lugares más cercanos; para nuestros fieles misioneros que han ido a rescatarlas; para la salvación de los niños, la preparación de los jóvenes, el consuelo de los ancianos, y la evangelización del mundo entero; para ayuda del necesitado; para promover la hermandad en el género humano; y finalmente para la extensión del reino de Dios, dedicamos este santo lugar.

Congregación: "Dedicamos este santo lugar para la gloria de Dios."

Ministro: "En el nombre del Padre, y del Hijo y del Espíritu Santo, declaro esta casa separada de todo uso profano, y consagrada a la adoración y al servicio del Dios Todopoderoso, a quien sea la gloria y la majestad, el dominio y el poder por los siglos de los siglos. Amén."

Lectura bíblica

"Levántate, oh Jehová, al lugar de tu reposo, tú y el arca de tu poder. Tus sacerdotes se vistan de justicia, y se regocijen tus santos. Por amor de David tu siervo no vuelvas de tu ungido el rostro" (Salmo 132:8-10).

Ofrenda

El ministro exhortará a adorar a Dios y a expresar alabanzas de gratitud mediante sus ofrendas.

Oración

La ofrenda que se ha recogido será dedicada al Señor para que la bendiga. Luego se pronunciará la bendición final.

PRESENTACIÓN DE LÍDERES DE LA IGLESIA LOCAL

Es esencial que los nuevos líderes y maestros comprendan la importancia y seriedad de su labor. Para lograr ese fin es muy recomendable que la presentación y toma de posesión de sus cargos se realice mediante una ceremonia pública.

Los diáconos, líderes y maestros de la escuela dominical, presidentes de grupos y cargos similares están incluidos en este tipo de ceremonia.

CEREMONIA PARA LÍDERES DE LA ESCUELA DOMINICAL

Lectura bíblica

El pastor leerá el siguiente pasaje:

"Y Jesús se acercó y les habló diciendo: Toda potestad me es dada en el cielo y en la tierra. Por tanto, id, y haced discípulos a todas las naciones, bautizándolos en el nombre del Padre, y del Hijo, y del Espíritu Santo" (Mateo 28:18-19).

Mensaje

"Jesús escogió y comisionó a otros para que continuaran el trabajo que Él había dejado sin terminar. De igual manera, lo está escogiendo a usted para que labore en el lugar que le ha asignado en esta escuela dominical. El Señor ha comisionado hombres, no ángeles. ¡Qué privilegio!

"Consideren lo que Cristo ha hecho por nosotros: Nos salvó de un mundo de pecado, nos llenó del Espíritu Santo, nos ha dado el conocimiento de su Palabra, y nos ha impartido el deseo y la oportunidad de ser de bendición para los demás.

"Consideren lo que Cristo espera de nosotros: Que seamos verdaderos pastores, cuidando de los nuestros; que los consideremos como nuestra congregación; y que podamos decir: 'Ninguno de ellos se perdió' (Juan 17:12)."

Comisión

Al concluir su breve mensaje, el pastor los comisionará con esta pregunta:

"¿Aceptan de corazón esta responsabilidad que han recibido del Señor?"

Ellos responderán: "Sí, la aceptamos."

Oración dedicatoria

El ministro les pedirá a los líderes que se arrodillen frente al altar. Se elevará entonces una oración para que Dios los dirija en sus deberes futuros y para que se mantengan fieles en cada tarea.

Entonces se pondrán de pie y se situarán a ambos lados del pastor, mientras los maestros se acercan al altar. Estos últimos se arrodillarán, y el pastor pedirá al superintendente de la escuela dominical que ore por ellos.

Al terminar la oración, los líderes estrecharán las manos de los maestros, y les desearán las más ricas bendiciones de Dios.

CEREMONIA PARA DIÁCONOS

Los nuevos diáconos pasarán adelante cuando el ministro lea sus nombres.

Lectura bíblica

Una vez que todos estén situados en sus puestos frente al púlpito, el ministro leerá el siguiente pasaje:

"En aquellos días, como creciera el número de los discípulos, hubo murmuración de los griegos contra los hebreos, de que las viudas de aquéllos eran desatendidas en la distribución diaria. Entonces los doce convocaron a la multitud de los discípulos, y dijeron: No es justo que nosotros dejemos la palabra de Dios, para servir a las mesas. Buscad, pues, hermanos, de entre vosotros a siete varones de buen testimonio, llenos del Espíritu Santo y de sabiduría, a quienes encarguemos de este trabajo. Y nosotros persistiremos en la oración y en el ministerio de la palabra. Agradó la propuesta a toda la multitud; y eligieron a Esteban, varón lleno de fe y del Espíritu Santo, a Felipe, a Prócoro, a Nicanor, a Timón, a Parmenas, y a Nicolás prosélito de Antioquía; a los cuales presentaron ante los apóstoles, quienes, orando, les impusieron las manos. Y crecía la palabra del Señor, y el número de los discípulos se multiplicaba grandemente en Jerusalén; también muchos de los sacerdotes obedecían a la fe" (Hechos 6:1-7).

Comisión

Luego el ministro dirá:

"Estos versículos demuestran que la iglesia nombró diáconos al comienzo de la era cristiana.

"Y ahora yo los comisiono, hermanos, ordenados como diáconos, que estudien la Palabra, que dice: 'Los diáconos asimismo deben ser honestos, sin doblez, no dados a mucho vino, no codiciosos de ganancias deshonestas; que guarden el misterio de la fe con limpia conciencia. Y éstos también sean sometidos a prueba primero, y entonces ejerzan el diaconado, si son irreprensibles. Las mujeres asimismo sean honestas, no calumniadoras, sino sobrias, fieles en todo. Los diáconos sean maridos de una sola mujer, y que gobiernen bien sus hijos y sus casas. Porque los que ejerzan bien el diaconado, ganan para sí un grado honroso, y mucha confianza en la fe que es en Cristo Jesús' (1 Timoteo 3:8-13).

"También recomiendo a ustedes, pueblo amado de Dios, que ayuden en todo lo que puedan a estos nuevos líderes, respaldándolos con sus oraciones y honrándolos con alta estimación por respeto a su cargo. Que la bendición de Dios repose sobre ustedes mientras trabajan juntos para la extensión del reino de Dios y para el progreso espiritual de esta iglesia."

Bendición pastoral

"El Dios de la paciencia y de la consolación os dé entre vosotros un mismo sentir según Cristo Jesús, para que unánimes, a una voz, glorifiquéis al Dios y Padre de nuestro Señor Jesucristo" (Romanos 15:5-6).

ORDENACIÓN DE MINISTROS

Culto de Ordenación

Preludio musical

Desfile de los candidatos

Oración

Lectura de un pasaje bíblico de adoración

Alabanza y adoración

Lectura bíblica

Alabanza y adoración

Mensaje

Presentación de los candidatos

Ceremonia de ordenación

Lectura del mandato

El mandato va dirigido a los que serán ordenados. Consta de pasajes bíblicos que tienen que ver con los candidatos al ministerio, el último de los cuales generalmente es la comisión de Mateo 28:19. Debe leerse de una manera solemne.

Ordenación

Después de la lectura del mandato, se arrodillarán los candidatos para la ordenación. Luego se les impondrán las manos uno por uno, y se orará por ellos después de decirles lo siguiente:

"Hermano ________________ (*nombres y apellidos del candidato*), el presbiterio (*o algún otro cuerpo autorizado*) le impone ahora las manos, separándolo para el ministerio al cual Dios lo ha llamado, y le pide al Señor que le imparta los dones y la gracia del Espíritu Santo que lo harán eficaz para desempeñar este ministerio."

Luego uno de los presbíteros (*u otro dirigente competente*) orará por esta persona en particular y así se hará con cada una de las personas ordenadas.

Santa Cena

Alabanza y adoración

Clausura

Bendición pastoral

Pasajes bíblicos

"Aconteció después de la muerte de Moisés siervo de Jehová, que Jehová habló a Josué hijo de Nun, servidor de Moisés, diciendo: . . . como estuve con Moisés, estaré contigo; no te dejaré, ni te desampararé. Esfuérzate y sé valiente; porque tú repartirás a este pueblo por heredad la tierra de la cual juré a sus padres que la daría a ellos. Solamente esfuérzate y sé muy valiente, para cuidar de hacer conforme a toda la ley que mi siervo Moisés te mandó; no te apartes de ella ni a diestra ni a siniestra, para que seas prosperado en todas las cosas que emprendas. Nunca se apartará de tu boca este libro de la ley, sino que de día y de noche meditarás en él, para que guardes y hagas conforme a todo lo que en él está escrito; porque entonces harás prosperar tu camino, y todo te saldrá bien. Mira que te mando que te esfuerces y seas valiente; no temas ni desmayes, porque Jehová tu Dios estará contigo en dondequiera que vayas" (Josué 1:1-9).

"Jehová llamó a Samuel; y él respondió: Heme aquí. Y corriendo luego a Elí, dijo: Heme aquí; ¿para qué me llamaste? Y Elí le dijo: Yo no he llamado; vuelve y acuéstate. Y él se volvió y se acostó. Y Jehová volvió a llamar otra vez a Samuel. Y levantándose Samuel, vino a Elí y dijo: Heme aquí; ¿para qué me has llamado? Y él dijo: Hijo mío, yo no he llamado; vuelve y acuéstate. Y Samuel no había conocido aún a Jehová, ni la palabra de Jehová le había sido revelada. Jehová, pues, llamó la tercera vez a Samuel. Y él se levantó y vino a Elí, y dijo: Heme aquí; ¿para qué me has llamado? Entonces entendió Elí que Jehová llamaba al joven. Y dijo Elí a Samuel: Ve y acuéstate; y si te llamare, dirás: Habla, Jehová, porque tu siervo oye. Así se fue Samuel, y se acostó en su lugar. Y vino Jehová y se paró, y llamó como las otras veces: ¡Samuel, Samuel! Entonces Samuel dijo: Habla, porque tu siervo oye" (1 Samuel 3:4-10).

"Andando Jesús junto al mar de Galilea, vio a dos hermanos, Simón, llamado Pedro, y Andrés su hermano, que echaban la red en el mar; porque eran pescadores. Y les dijo: Venid en pos de mí, y os haré pescadores de hombres. Ellos entonces, dejando al instante las redes, le siguieron. Pasando de allí, vio a otros dos hermanos, Jacobo hijo de Zebedeo, y Juan su hermano, en la barca con Zebedeo su padre, que remendaban sus redes; y los llamó. Y ellos, dejando al instante la barca y a su padre, le siguieron" (Mateo 4:18-22).

"Ministrando éstos al Señor, y ayunando, dijo el Espíritu Santo: Apartadme a Bernabé y a Saulo para la obra a que los he llamado. Entonces, habiendo ayunado y orado, les impusieron las manos y los despidieron" (Hechos 13:2-3).

"Del [evangelio] yo fui hecho ministro por el don de la gracia de Dios que me ha sido dado según la operación de su poder. A mí, que soy menos que el más pequeño de todos los santos, me fue dada esta gracia de anunciar entre los gentiles el evangelio de las inescrutables riquezas de Cristo" (Efesios 3:7-8).

"De la [iglesia] fui hecho ministro, según la administración de Dios que me fue dada para con vosotros, para que anuncie cumplidamente la palabra de Dios, el misterio que había estado oculto desde los siglos y edades, pero que ahora ha sido manifestado a sus santos, a quienes Dios quiso dar a conocer las riquezas de la gloria de este misterio entre los gentiles; que es Cristo en vosotros, la esperanza de gloria, a quien anunciamos, amonestando a todo hombre, y enseñando a todo hombre en toda sabiduría, a fin de presentar perfecto en Cristo Jesús a todo hombre; para lo cual también trabajo, luchando según la potencia de él, la cual actúa poderosamente en mí" (Colosenses 1:25-29).

"Por lo cual te aconsejo que avives el fuego del don de Dios que está en ti por la imposición de mis manos. Porque no nos ha dado Dios espíritu de cobardía, sino de poder, de amor y de dominio propio. Por tanto, no te avergüences de dar testimonio de nuestro Señor, ni de mí, preso suyo, sino participa de las aflicciones por el evangelio según el poder de Dios, quien nos salvó y llamó con llamamiento santo, no conforme a nuestras obras, sino según el propósito suyo y la gracia que nos fue dada en Cristo Jesús antes de los tiempos de los siglos, pero que ahora ha sido manifestada por la aparición de nuestro Salvador Jesucristo, el cual quitó la muerte y sacó a luz la vida y la inmortalidad por el evangelio, del cual yo fui constituido predicador, apóstol y maestro de los gentiles. Por lo cual asimismo padezco esto; pero no me avergüenzo, porque yo sé a quién he creído, y estoy seguro que es poderoso para guardar mi depósito para aquel día" (2 Timoteo 1:6-13).

"Tú, pues, hijo mío, esfuérzate en la gracia que es en Cristo Jesús. Lo que has oído de mí ante muchos testigos, esto encarga a hombres fieles que sean idóneos para enseñar también a otros. Tú, pues, sufre penalidades como buen soldado de Jesucristo. Ninguno que milita se enreda en los negocios de la vida, a fin de agradar a aquel que lo tomó por soldado. Y también el que lucha como atleta, no es coronado si no lucha legítimamente. El labrador, para participar de los frutos, debe trabajar primero. Considera lo que digo, y el Señor te dé entendimiento en todo. Acuérdate de Jesucristo, del linaje de David, resucitado de los muertos conforme a mi evangelio, en el cual sufro penalidades, hasta prisiones a modo de malhechor; mas la palabra de Dios no está presa. Por tanto, todo lo soporto por amor de los escogidos, para que ellos también obtengan la salvación que es en Cristo Jesús con gloria eterna" (2 Timoteo 2:1-10).

"Te encarezco delante de Dios y del Señor Jesucristo, que juzgará a los vivos y a los muertos en su manifestación y en su reino, que prediques la palabra; que instes a tiempo y fuera de tiempo; redarguye, reprende, exhorta con toda paciencia y doctrina. Porque vendrá tiempo en que no sufrirán la sana doctrina, sino que teniendo comezón de oír, se amontonarán maestros conforme a sus propias concupiscencias, y apartarán de la verdad el oído y se volverán a las fábulas. Pero tú sé sobrio en todo, soporta las aflicciones, haz obra de evangelista, cumple tu ministerio. Porque yo ya estoy para ser sacrificado, y el tiempo de mi partida está cercano. He peleado la buena batalla, he acabado la carrera, he guardado la fe. Por lo demás, me está guardada la corona de justicia, la cual me dará el Señor, juez justo, en aquel día; y no sólo a mí, sino también a todos los que aman su venida" (2 Timoteo 4:1-8).

Otros pasajes pertinentes

Lucas 10:1-2
Hechos 20:24
Hechos 26:14-18
Romanos 10:14-15
1 Corintios 1:23, 27-30
1 Corintios 3:7-10
2 Corintios 4:1-10
2 Corintios 5:11, 18-20
2 Corintios 6:3-7
Gálatas 1:15-16
Efesios 4:11-12
Colosenses 4:17
Tesalonicenses 2:3-12
1 Timoteo 3:1-15
1 Timoteo 4:1-16
1 Timoteo 6:1-21
2 Timoteo 2:11-25
2 Timoteo 3:1-17

BODAS DE PLATA

Presentación de los esposos

Digiriéndose a los presentes, el ministro dirá:

"Queridos hermanos y amigos, estamos reunidos en la presencia de Dios y de estos testigos a fin de celebrar los votos de veinticinco años de casados de nuestros hermanos ____________ (*nombres y apellidos de los esposos*).

"Gracias a Dios por los matrimonios que han salido victoriosos y se han mantenido fieles a sus votos. De esto son ejemplo digno de honor nuestro hermano ________________ (*nombre del esposo*) y de su querida esposa _______________ (*nombre de la esposa*), con los cuales nos complace celebrar este aniversario de Bodas de plata. Es para mí un gran honor solemnizar un aniversario tan glorioso y trascendental.

Renovación de votos

Dirigiéndose a los esposos, el ministro dirá:

"Durante veinticinco años se han conservado fieles a sus votos, habiéndose empeñado su palabra y su amor. Los años han transcurrido en la infinita sucesión del tiempo, y la vida ha sido agitada con las muchas vicisitudes del diario vivir. Los han azotado enfermedades, divergencias de opiniones, problemas familiares; en fin, ¡adversidades mil! No obstante, ninguna de estas cosas los ha podido separar, y hoy permanecen fieles el uno al otro."

Dirigiéndose al esposo, el ministro le dirá que repita estas palabras:

"Yo, ___________________ (*nombre del esposo*), en este día de nuestras Bodas de plata te reafirmo mi lealtad y te prometo, con la ayuda de Dios, ser fiel esposo hasta que la muerte nos separe, por lo cual, una vez más, te empeño mi palabra y mi amor."

Dirigiéndose a la esposa, el ministro le dirá que repita estas palabras:

"Yo, ____________________ (*nombre de la esposa*), teniendo la dicha de celebrar nuestras Bodas de plata, y habiendo dado buen ejemplo a nuestra familia, te prometo, con la ayuda de Dios, ser fiel esposa hasta que la muerte nos separe, por lo cual, una vez más, te empeño mi palabra y mi amor."

Entrega de anillos

Dirigiéndose al esposo, el ministro le dirá que repita estas palabras:

"Querida esposa, que este anillo sea el símbolo de pureza y de lo perpetuo de nuestro amor sincero y fidelidad."

Dirigiéndose a la esposa, el ministro le dirá que repita estas palabras:

"Querido esposo, en honor a tus esfuerzos y a tu fidelidad a Dios, a tu esposa y a nuestra familia, te entrego este anillo, símbolo de nuestro amor inseparable y constante."

BODAS DE ORO

Presentación de los esposos

Digiriéndose a los presentes, el ministro dirá:

"Queridos hermanos y amigos, estamos reunidos en la presencia de Dios y de estos testigos a fin de celebrar los votos de cincuenta años de casados de nuestros hermanos _____________ (*nombres y apellidos de los esposos*).

"Gracias a Dios por los matrimonios que han salido victoriosos y se han mantenido fieles a sus votos. De esto son ejemplo digno de honor nuestro hermano ________________ (*nombre del esposo*) y de su respetable esposa _____________ (*nombre de la esposa*), con los cuales nos complace celebrar este aniversario de Bodas de oro. Es para mí un gran honor solemnizar un aniversario tan glorioso y trascendental.

Renovación de votos

Dirigiéndose a los esposos, el ministro dirá:

"Durante cincuenta años se han empeñado recíprocamente su palabra y su amor. Los años han transcurrido en la infinita sucesión del tiempo, y la vida ha sido agitada con las muchas vicisitudes del diario vivir. Los han azotado enfermedades, divergencias de opiniones, problemas familiares; en fin, ¡adversidades mil! No obstante, ante nada de eso se han doblegado; al contrario, con virtuosa sabiduría y paciencia han permanecido fieles el uno al otro."

Dirigiéndose al esposo, el ministro le dirá que repita estas palabras:

"Yo, ___________________ (*nombre del esposo*), en esta ceremonia conmemorativa de nuestras Bodas de oro te reafirmo la promesa que te hice hace cincuenta años, rogando a Dios que no permita que nada, salvo la muerte, nos separe, por lo cual te empeño una vez más mi palabra y mi amor."

Dirigiéndose a la esposa, el ministro le dirá que repita estas palabras:

"Yo, ________________ (*nombre de la esposa*), que celebro contigo estas Bodas de oro, te prometo, con la ayuda de Dios, cumplir con las promesas que te hice hace cincuenta años, y ser fiel esposa hasta la muerte, por lo cual te empeño mi palabra y mi amor."

Entrega de anillos

Dirigiéndose al esposo, el ministro le dirá que repita estas palabras:

"Querida esposa, con este anillo reafirmo las promesas que te he hecho. Que éste sea el símbolo de pureza y de lo perpetuo de nuestras promesas y fidelidad."

Dirigiéndose a la esposa, el ministro le dirá que repita estas palabras:

"Querido esposo, con este anillo te expreso mi amor y mi constancia, y en honor a tus esfuerzos y a tu fidelidad a Dios, a tu esposa y a tu familia, te reitero mis promesas y fidelidad."

Registro

MATRIMONIOS

Cónyuges ____
Lugar ______________________________ Fecha ____________

Cónyuges ____
Lugar ______________________________ Fecha ____________

Cónyuges ____
Lugar ______________________________ Fecha ____________

Cónyuges ____
Lugar ______________________________ Fecha ____________

Cónyuges ____
Lugar ______________________________ Fecha ____________

Cónyuges ____
Lugar ______________________________ Fecha ____________

Cónyuges ____
Lugar ______________________________ Fecha ____________

Cónyuges ____
Lugar ______________________________ Fecha ____________

Cónyuges ____
Lugar ______________________________ Fecha ____________

Cónyuges ____
Lugar ______________________________ Fecha ____________

Cónyuges ____
Lugar ______________________________ Fecha ____________

Cónyuges ____
Lugar ______________________________ Fecha ____________

Cónyuges ____
Lugar ______________________________ Fecha ____________

MATRIMONIOS

Cónyuges ____

Lugar ______________________________ Fecha ______________

Cónyuges ____

Lugar ______________________________ Fecha ______________

Cónyuges ____

Lugar ______________________________ Fecha ______________

Cónyuges ____

Lugar ______________________________ Fecha ______________

Cónyuges ____

Lugar ______________________________ Fecha ______________

Cónyuges ____

Lugar ______________________________ Fecha ______________

Cónyuges ____

Lugar ______________________________ Fecha ______________

Cónyuges ____

Lugar ______________________________ Fecha ______________

Cónyuges ____

Lugar ______________________________ Fecha ______________

Cónyuges ____

Lugar ______________________________ Fecha ______________

Cónyuges ____

Lugar ______________________________ Fecha ______________

Cónyuges ____

Lugar ______________________________ Fecha ______________

Cónyuges ____

Lugar ______________________________ Fecha ______________

MATRIMONIOS

Cónyuges ____

Lugar ______________________________ Fecha _______________

Cónyuges ____

Lugar ______________________________ Fecha _______________

Cónyuges ____

Lugar ______________________________ Fecha _______________

Cónyuges ____

Lugar ______________________________ Fecha _______________

Cónyuges ____

Lugar ______________________________ Fecha _______________

Cónyuges ____

Lugar ______________________________ Fecha _______________

Cónyuges ____

Lugar ______________________________ Fecha _______________

Cónyuges ____

Lugar ______________________________ Fecha _______________

Cónyuges ____

Lugar ______________________________ Fecha _______________

Cónyuges ____

Lugar ______________________________ Fecha _______________

Cónyuges ____

Lugar ______________________________ Fecha _______________

Cónyuges ____

Lugar ______________________________ Fecha _______________

Cónyuges ____

Lugar ______________________________ Fecha _______________

DEDICACIÓN DE NIÑOS

Nombre ____
Lugar ______________________________ Fecha ____________

Nombre ____
Lugar ______________________________ Fecha ____________

Nombre ____
Lugar ______________________________ Fecha ____________

Nombre ____
Lugar ______________________________ Fecha ____________

Nombre ____
Lugar ______________________________ Fecha ____________

Nombre ____
Lugar ______________________________ Fecha ____________

Nombre ____
Lugar ______________________________ Fecha ____________

Nombre ____
Lugar ______________________________ Fecha ____________

Nombre ____
Lugar ______________________________ Fecha ____________

Nombre ____
Lugar ______________________________ Fecha ____________

Nombre ____
Lugar ______________________________ Fecha ____________

Nombre ____
Lugar ______________________________ Fecha ____________

Nombre ____
Lugar ______________________________ Fecha ____________

DEDICACIÓN DE NIÑOS

Nombre ____

Lugar ______________________________ Fecha ______________

Nombre ____

Lugar ______________________________ Fecha ______________

Nombre ____

Lugar ______________________________ Fecha ______________

Nombre ____

Lugar ______________________________ Fecha ______________

Nombre ____

Lugar ______________________________ Fecha ______________

Nombre ____

Lugar ______________________________ Fecha ______________

Nombre ____

Lugar ______________________________ Fecha ______________

Nombre ____

Lugar ______________________________ Fecha ______________

Nombre ____

Lugar ______________________________ Fecha ______________

Nombre ____

Lugar ______________________________ Fecha ______________

Nombre ____

Lugar ______________________________ Fecha ______________

Nombre ____

Lugar ______________________________ Fecha ______________

Nombre ____

Lugar ______________________________ Fecha ______________

DEDICACIÓN DE NIÑOS

Nombre ____

Lugar ______________________________ Fecha ______________

Nombre ____

Lugar ______________________________ Fecha ______________

Nombre ____

Lugar ______________________________ Fecha ______________

Nombre ____

Lugar ______________________________ Fecha ______________

Nombre ____

Lugar ______________________________ Fecha ______________

Nombre ____

Lugar ______________________________ Fecha ______________

Nombre ____

Lugar ______________________________ Fecha ______________

Nombre ____

Lugar ______________________________ Fecha ______________

Nombre ____

Lugar ______________________________ Fecha ______________

Nombre ____

Lugar ______________________________ Fecha ______________

Nombre ____

Lugar ______________________________ Fecha ______________

Nombre ____

Lugar ______________________________ Fecha ______________

Nombre ____

Lugar ______________________________ Fecha ______________

DEDICACIÓN DE NIÑOS

Nombre ____

Lugar ______________________________ Fecha ______________

Nombre ____

Lugar ______________________________ Fecha ______________

Nombre ____

Lugar ______________________________ Fecha ______________

Nombre ____

Lugar ______________________________ Fecha ______________

Nombre ____

Lugar ______________________________ Fecha ______________

Nombre ____

Lugar ______________________________ Fecha ______________

Nombre ____

Lugar ______________________________ Fecha ______________

Nombre ____

Lugar ______________________________ Fecha ______________

Nombre ____

Lugar ______________________________ Fecha ______________

Nombre ____

Lugar ______________________________ Fecha ______________

Nombre ____

Lugar ______________________________ Fecha ______________

Nombre ____

Lugar ______________________________ Fecha ______________

Nombre ____

Lugar ______________________________ Fecha ______________

QUINCEAÑERAS

Nombre ____
Lugar ____________________________ Fecha ____________

Nombre ____
Lugar ____________________________ Fecha ____________

Nombre ____
Lugar ____________________________ Fecha ____________

Nombre ____
Lugar ____________________________ Fecha ____________

Nombre ____
Lugar ____________________________ Fecha ____________

Nombre ____
Lugar ____________________________ Fecha ____________

Nombre ____
Lugar ____________________________ Fecha ____________

Nombre ____
Lugar ____________________________ Fecha ____________

Nombre ____
Lugar ____________________________ Fecha ____________

Nombre ____
Lugar ____________________________ Fecha ____________

Nombre ____
Lugar ____________________________ Fecha ____________

Nombre ____
Lugar ____________________________ Fecha ____________

Nombre ____
Lugar ____________________________ Fecha ____________

BAUTISMOS

Nombre ____

Lugar ______________________________ Fecha ______________

Nombre ____

Lugar ______________________________ Fecha ______________

Nombre ____

Lugar ______________________________ Fecha ______________

Nombre ____

Lugar ______________________________ Fecha ______________

Nombre ____

Lugar ______________________________ Fecha ______________

Nombre ____

Lugar ______________________________ Fecha ______________

Nombre ____

Lugar ______________________________ Fecha ______________

Nombre ____

Lugar ______________________________ Fecha ______________

Nombre ____

Lugar ______________________________ Fecha ______________

Nombre ____

Lugar ______________________________ Fecha ______________

Nombre ____

Lugar ______________________________ Fecha ______________

Nombre ____

Lugar ______________________________ Fecha ______________

Nombre ____

Lugar ______________________________ Fecha ______________

BAUTISMOS

Nombre ____

Lugar ______________________________ Fecha ______________

Nombre ____

Lugar ______________________________ Fecha ______________

Nombre ____

Lugar ______________________________ Fecha ______________

Nombre ____

Lugar ______________________________ Fecha ______________

Nombre ____

Lugar ______________________________ Fecha ______________

Nombre ____

Lugar ______________________________ Fecha ______________

Nombre ____

Lugar ______________________________ Fecha ______________

Nombre ____

Lugar ______________________________ Fecha ______________

Nombre ____

Lugar ______________________________ Fecha ______________

Nombre ____

Lugar ______________________________ Fecha ______________

Nombre ____

Lugar ______________________________ Fecha ______________

Nombre ____

Lugar ______________________________ Fecha ______________

Nombre ____

Lugar ______________________________ Fecha ______________

BAUTISMOS

Nombre ____

Lugar ______________________________ Fecha ____________

Nombre ____

Lugar ______________________________ Fecha ____________

Nombre ____

Lugar ______________________________ Fecha ____________

Nombre ____

Lugar ______________________________ Fecha ____________

Nombre ____

Lugar ______________________________ Fecha ____________

Nombre ____

Lugar ______________________________ Fecha ____________

Nombre ____

Lugar ______________________________ Fecha ____________

Nombre ____

Lugar ______________________________ Fecha ____________

Nombre ____

Lugar ______________________________ Fecha ____________

Nombre ____

Lugar ______________________________ Fecha ____________

Nombre ____

Lugar ______________________________ Fecha ____________

Nombre ____

Lugar ______________________________ Fecha ____________

Nombre ____

Lugar ______________________________ Fecha ____________

BAUTISMOS

Nombre ____

Lugar ______________________________ Fecha ______________

Nombre ____

Lugar ______________________________ Fecha ______________

Nombre ____

Lugar ______________________________ Fecha ______________

Nombre ____

Lugar ______________________________ Fecha ______________

Nombre ____

Lugar ______________________________ Fecha ______________

Nombre ____

Lugar ______________________________ Fecha ______________

Nombre ____

Lugar ______________________________ Fecha ______________

Nombre ____

Lugar ______________________________ Fecha ______________

Nombre ____

Lugar ______________________________ Fecha ______________

Nombre ____

Lugar ______________________________ Fecha ______________

Nombre ____

Lugar ______________________________ Fecha ______________

Nombre ____

Lugar ______________________________ Fecha ______________

Nombre ____

Lugar ______________________________ Fecha ______________

CULTOS FÚNEBRES

Nombre ______________________________

Lugar ____________________ Fecha __________

Nombre ______________________________

Lugar ____________________ Fecha __________

Nombre ______________________________

Lugar ____________________ Fecha __________

Nombre ______________________________

Lugar ____________________ Fecha __________

Nombre ______________________________

Lugar ____________________ Fecha __________

Nombre ______________________________

Lugar ____________________ Fecha __________

Nombre ______________________________

Lugar ____________________ Fecha __________

Nombre ______________________________

Lugar ____________________ Fecha __________

Nombre ______________________________

Lugar ____________________ Fecha __________

Nombre ______________________________

Lugar ____________________ Fecha __________

Nombre ______________________________

Lugar ____________________ Fecha __________

Nombre ______________________________

Lugar ____________________ Fecha __________

Nombre ______________________________

Lugar ____________________ Fecha __________

CULTOS FÚNEBRES

Nombre ____

Lugar ____________________________ Fecha ____________

Nombre ____

Lugar ____________________________ Fecha ____________

Nombre ____

Lugar ____________________________ Fecha ____________

Nombre ____

Lugar ____________________________ Fecha ____________

Nombre ____

Lugar ____________________________ Fecha ____________

Nombre ____

Lugar ____________________________ Fecha ____________

Nombre ____

Lugar ____________________________ Fecha ____________

Nombre ____

Lugar ____________________________ Fecha ____________

Nombre ____

Lugar ____________________________ Fecha ____________

Nombre ____

Lugar ____________________________ Fecha ____________

Nombre ____

Lugar ____________________________ Fecha ____________

Nombre ____

Lugar ____________________________ Fecha ____________

Nombre ____

Lugar ____________________________ Fecha ____________

Nos agradaría recibir noticias suyas.
Por favor, envíe sus comentarios sobre este libro
a la dirección que aparece a continuación.
Muchas gracias.

Vida@zondervan.com
www.editorialvida.com